PETER ANGEL

Cloud 37

IL RUGGITO DEGLI ANGELI

Il Blog

VOLUME SECONDO

1 Luglio – 20ttobre 2022

HEAD&LINE

Cloud 37, Il Blog ~ Volume II
https://cloud-37.blogspot.com
cloud-37@angelic.com

Head&Line Virtual Publishing
https://swite.com/headline

ISBN: 978-1-4710-2176-3
Rev. 1-SC

*423 anni dopo il primo arrivo in Paradiso,
confinato su una nuvola periferica al numero
22.676, ho finalmente conquistato le ali di angelo
di terza categoria, col diritto ad alloggiare nella
più signorile Nuvola 37. Ed è da qui che vi scrivo,
per ringraziare l'umanità che con le sue eterne
stupidaggini allieta le giornate di noi alati.
Senza di voi, non avremmo che noia eterna. Grazie
a voi, invece, non mancano occasioni per ridere,
arrabbiarci, sbeffeggiarvi. In una parola: per vivere.*

PETER ANGEL

L'anima volgare, riconoscendosi volgare, ha l'audacia di affermare il diritto alla volgarità e lo impone ovunque.

[ORTEGA Y GASSET: LA RIBELLIONE DELLE MASSE, 1930].

P.A.

CLOUD 37 • IL BLOG • VOL. II

1. Ius sòlae

Fischia il vento e infuria la bufera (elettorale), e i partiti (quel che ne rimane) indossano gli scarponi. Quelli pesanti.

I cinquestelle, degradati a tre stelle e già in odor di *bed&breakfast*, sventolano le loro bisunte bandierine: più reddito di cittadinanza (= la paghetta di babbo), più superbonus (= costoso regalo a faccendieri, intrallazzoni e abusivi), più spazzatura a Roma (guai a incenerirla, guai a rimuoverla, guai ad affamare i cinghiali).

Il piddì, improvvido alleato dei due separati in casa, mentre si tiene ben stretti i due stelle di Due Maio, strizza l'occhio ai restanti tre stelle promuovendo la libertà di cannabis, in un Paese dove neppure esiste la libertà di tabacco e di alcol, monopolio esclusivo dello Stato.

Omaggiati gli alleati della stupefacente bandierina, il piddì sventola infine per sé l'arma finale del rispolverato vessillo dello *ius scholae*, già *ius soli* e conclamata *sòla*. Prima necessità del Paese, a detta di Letta. Di un'Italia sull'orlo di una guerra, minacciata da crescente inflazione e impegnata in decisive riforme da cui dipende l'erogazione dei fondi del PNRR, dunque la sopravvivenza stessa della Nazione.

Ai leghisti, mai così slegati, incapaci di qualsiasi costruzione politica che vada oltre lo sventolamento di simboli religiosi e l'adorazione di Putin, non è sembrato vero potersi avventare come cani affamati su due bocconi facilmente azzannabili come cannabis e *ius sòlae*, tanto appetitosi quanto esplosivi.

Pare che non sia più di moda costruire strade, aeroporti e ferrovie, stimolare l'impresa, tirare a specchio le città per renderle attrattive, estendere la rete *web* a quella mezza Italia che ancora non ce l'ha, prendersi cura del territorio e del paesaggio.

No. Troppo democratico. Troppo sbilanciato verso la maggioranza della popolazione. Più facile (e gratuito) accattivarsi le minoranze: siano esse quel 5% di poveri (evidentemente meno poveri di quelli americani o tedeschi o britannici, che vediamo strisciare per strada col barattolo per le elemosine), o quel 3% di *gender fluid*, o quell'1% di figli di immigrati irregolari da premiare con la cittadinanza anticipata. Persone già ampiamente tutelate in Italia, ma che il piddì vorrebbe trasformare in privilegiati.

Dal sito ufficiale del Ministero dell'Interno prendiamo visione delle condizioni attraverso le quali è oggi possibile ottenere la cittadinanza italiana.

«*La cittadinanza italiana si acquista* iure sanguinis, *cioè se si nasce o si è adottati da cittadini*

italiani. Esiste una possibilità residuale di acqui-
sto iure soli, *se si nasce sul territorio italiano da*
genitori apolidi o se i genitori sono ignoti o non
possono trasmettere la propria cittadinanza al fi-
glio secondo la legge dello Stato di provenienza.

La cittadinanza può essere richiesta anche dagli
stranieri che risiedono in Italia da almeno die-
ci anni e sono in possesso di determinati requisi-
ti. In particolare il richiedente deve dimostrare di
avere redditi sufficienti al sostentamento, di non
avere precedenti penali, di non essere in posses-
so di motivi ostativi per la sicurezza della Repub-
blica. Si può diventare cittadini italiani anche per
matrimonio».

Già oggi, dunque, non è indispensabile esser nati da
cittadini italiani, per esser riconosciuti tali. Un bambino
nato in Italia da genitori ignoti è un cittadino italiano,
così come possono esserlo gli stranieri residenti da almeno dieci anni che lavorino e non infrangano la legge.

Quel che lo *ius scholae* si propone è di estendere il
diritto di cittadinanza ai figli di stranieri che abbiano completato un ciclo scolastico di 5 anni.

La matematica ci insegna che il periodo minimo
necessario per completare il ciclo di istruzione pri-
maria (accedendovi all'età di 6 anni) è di 11 anni. Er-
go già sussisterebbe il requisito dei dieci anni di per-
manenza in Italia, così come quello della sussistenza
(mantenimento da parte dei genitori) e della fedina
penale pulita. Mancherebbe soltanto il requisito della maggiore età (abbassata in Italia a 18 anni), necessaria per richiedere la cittadinanza.

Si tratterebbe dunque di ridurre tale limite ai 17 anni, o meno.

Le domande che ci facciamo – o meglio: facciamo al piddì – sono due.

1) Se quel bimbo di 11 anni NON ha la cittadinanza italiana, significa che neanche uno dei genitori la possiede. O perché non ne ha i requisiti o per non averne fatto richiesta. Dunque perché mai chi è figlio di NON cittadini, perché non interessati a diventarlo o non in regola con la legge, dovrebbe poter diventare cittadino prima dei 18 anni, senza aver avuto modo di dimostrare la propria capacità di sussistenza e l'osservanza della legge?

2) La Corte Costituzionale, chiamata a pronunciarsi sull'art. 3 (uguaglianza riservata ai soli cittadini) e il possibile contrasto con l'art. 2 (diritti inviolabili dell'uomo e «doveri inderogabili di solidarietà politica, economica e sociale») ha esteso il principio egalitario di cui all'art. 3 a tutti gli stranieri presenti sul territorio italiano (sent. 199/1986). Di conseguenza, TUTTI gli stranieri presenti in Italia, indipendentemente dal possesso o meno della cittadinanza, godono già adesso dei medesimi diritti dei cittadini italiani: dall'assistenza sanitaria all'istruzione gratuita, dall'edilizia popolare alle pensioni sociali.

Tutti i medesimi diritti. Tranne uno: il diritto di voto. Diritto di cui tuttavia, prima dei 18 anni, neppure agli Italiani di nascita è concesso usufruire. Dunque quali vantaggi discenderebbero al bimbo che ottenesse la cittadinanza qualche anno prima del compimento della maggiore età, tali da giustificare una così divisiva battaglia e un simile stravolgimento del nostro ordinamento giuridico?

Fra tutti i partitici pretesti per ciurlare nel manico e perder tempo senza costrutto alcuno, giusto per far maggior cagnara degli avversari e tentar di imporre al mondo la propria esistenza, questo del piddì è il più insensato e pericoloso, inutile al bimbo-cittadino così come alla stragrande maggioranza della popolazione italiana e/o residente in Italia.

Eppure pare che sia questa l'unica battaglia che il piddì si sente di combattere, in questo sconcio scorcio di legislatura: come approvare lo *ius sòlae*.

Sarebbe bello se, oltre al *come*, riuscisse a spiegarci anche il *perché*.

5 *Luglio 2022*

2. Inceneritori fai da te

L e fiamme si vedono fin da quassù, dove un particolare occhio di riguardo è sempre rivolto verso la città immeritatamente eterna, con divino zoom sulla nostra piccola rappresentanza terrestre in Vaticano.

Roma brucia, manco fosse un immenso autobus dell'ATAC. Bruciano la Balduina, il Parco del Pineto, l'Aurelia ed i quartieri che la circondano. La popolazione è in fuga: raccoglie l'indispensabile e abbandona le case. Parrebbe d'esser tornati ai tempi di Nerone, se non fosse per il profumo di cinghiale arrosto o per il fatto che l'antico imperatore salutasse le fiamme suonando la lira, e non ancora l'euro.

Ignoti al momento i responsabili. Più d'uno, visto il numero di inneschi. Conosciutissimi, invece, quegli amministratori che ritengono inutile sorvegliare parchi e giardini, nel timore di disturbare le migliaia di persone che ci dormono, o di interferire con la quotidiana attività di spaccio.

È il terzo rogo, dopo Malagrotta (16 Giugno) e la Massimina (27 Giugno).

La vicenda ci aiuta a comprendere le ragioni della romana decennale ostilità alla costruzione di un termovalorizzatore capace di trasformare i rifiuti cittadini (tanti) in energia elettrica (tanta). Perché affidare a sconosciuti l'incenerimento della spazzatura, quando è sufficiente uno straccio imbevuto di benzina e un fiammifero?

Pazienza se il primo serve per costruire, e l'altro per distruggere. Roma vive di ruderi: quelli che siedono nei palazzi e quelli che suscitano l'interesse dei visitatori. E forse coltiva l'illusione che trasformare in nuovi ruderi scale mobili e stazioni di metropolitana, autobus e giardini, marciapiedi e strade, edifici pubblici e arredo urbano, ne accresca l'attrattiva turistica.

7 Luglio 2022

3. Chi di vaffa ferisce...

«Non siamo pagliacci!», ostenta il capobanda a cinquemenomenostelle dopo le lagne del giorno prima, con le quali implorava che fosse il Governo italiano a sanare le beghe di un partito in via d'estinzione. I cui parlamentari, proprio adesso che finalmente s'avvicina l'auspicato momento di svuotare le aule come scatolette di tonno, osservano terrorizzati il coltello e la forchetta che attendono la pregiata conserva pronta ad esser estratta dalla latta.

Che sia questa («non siamo pagliacci») l'ennesima menzogna posta a coronare le altre che farciscono le nove pagine del documento-nocumento presentato ieri dal capopartito al presidente del Consiglio dei ministri?

Lo vedremo presto in aula, dove il governo chiederà questo pomeriggio che la fiducia a suo tempo accordata gli sia confermata o revocata. E non c'è nulla che un fannullista terrapiattista tema maggiormente dell'esser chiamato ad esprimere un *sì* o un *no*, piuttosto che un *forse*, un *vedremo*, un *chissà*, un *purché*, un *sì-ma* o un *no-però*.

Ma diamo una scorsa alle nove pagine di inutile deforestazione con le quali i morituri pretenderebbero ancora una volta di dettar legge, incaricandone nientepopodimenoché il Governo, non avendo i numeri per farlo da sé nel luogo istituzionalmente a ciò preposto. Ossia le aule parlamentari.

Scritto in forma di lettera aperta, il documento intende esprimere «la condizione di profondo disagio politico che la Comunità del Movimento 5 Stelle sta vivendo». Quasi spettasse al Governo consolarla dai recenti schiaffi, schiaffetti e schiaffoni.

Segue un lungo pippone che illustra le non solidissime basi ideologiche del movimento (all'indietro): dalla biodiversità alla lotta ai «privilegiati», termine con cui si designa la grande maggioranza delle persone normali, quelle che vivono del proprio lavoro e non di elemosine di cittadinanza.

Quindi la prima lagna: abbiamo deciso di «non volgere le spalle al Paese» (il che non ha impedito al Paese di volgerle a loro), ma abbiamo subìto dalle altre forze politiche «attacchi pregiudiziali, mancanze di rispetto [...] invettive». Bimbi bullizzati che chiedono aiuto a papà Governo, che tuttavia poco ha a che fare coi dispetti che i bimbi-partiti vicendevolmente si fanno.

E ancora: «C'è stata spesso indifferenza rispetto alle nostre legittime richieste»: confondendo le richieste con le delibere, le domande con le risposte, i desideri con la realtà.

Segue il consueto tragico dipinto dell'Italia: sessanta milioni di indigenti costretti a saltare pranzo e cena per pagare tasse e bollette, e non invece accalcati in spiaggia, in coda in autostrada e in fila al ristorante, a spender quei soldi che il governo dovrebbe «ristorare».

Dopo un ulteriore sermone dedicato alla «difesa e alla valorizzazione degli equilibri degli eco-sistemi» (?) il capopartito esprime la ben nota concezione di democrazia cara ai cinque stelle: non il governo della maggioranza, ma il mantenimento a spese dello Stato (il «sostegno») di qualsiasi minoranza. Per ultimo si acconcia ad accettare il fatto che l'Italia stia nella NATO, purché non sia «allineata» alla NATO (alleati *sì-ma-però*).

Terminata la narrazione di quel che un cinquestelle pensa la notte, ha inizio la lista della spesa, in nove punti.

1) Il reddito di cittadinanza non si tocca, anzi.

2) Va istituito in Italia il salario minimo.

3) Lotta al precariato, con incentivi a chi assume a tempo determinato.

4) Soldi per tutti, con riduzione di tasse e imposte e con pubbliche elargizioni a famiglie e imprese. Natale tutto l'anno.

5) Più investimenti nelle cosiddette energie rinnovabili.

6) Superbonus 110% per sempre.

7) *Cashback* forever.

8) Condono fiscale. Traduzione dal cinquestellico «Definizione agevolata dei debiti iscritti a ruolo presso l'Agente per la Riscossione».

9) Più controlli parlamentari sulle deleghe al Governo.

Nei panni del presidente del Consiglio non avremmo difficoltà ad arrotolare quei nove fogli e restituirli al mittente. Non è infatti né nelle competenze né nei poteri del Governo trasformare in realtà i nove desideri. Occorre legiferare in merito, e le leggi, in Italia, le scrive il Parlamento, non il Governo, e tantomeno i partiti.

Se Conte, extraparlamentare ed extragovernativo, ha degli amici in Parlamento, si rivolga ad essi, pregandoli di presentare delle leggi in merito e di cercare i numeri necessari per farle approvare.

Ma se le loro richieste non producono altro che risolini di compassione o di scherno, e la maggioranza dell'aula (si chiama *democrazia*) boccia le loro proposte, è inutile che se la prendano con chi ad altre cose è preposto.

Presiedere le riunioni dei ministri non ha niente a che vedere con l'attività legislativa.

C'è chi lo sa e c'è chi non lo sa.

4. Il mucchio selvaggio

C'è un metodo infallibile con il quale noi alati ci divertiamo a valutare in un istante di qual pasta sian fatti gli umani, ed è quello di immaginare quale ruolo potrebbero più agevolmente interpretare in un vecchio film western.

Di quelli di una volta, rigorosamente in bianco e nero.

Che altro potrebbe fare un Enrico Letta, ad esempio, se non servire whisky dietro il banco del *saloon* di Chitory Mountain, col farfallino nero e il luccicante gilet abbottonato sopra il candido grembiule? Pronto a servire con sguardo benevolo e cordiale persino un Grillo: il commesso viaggiatore che tenta di rifilare al mondo miracolose pozioni e un mare di cianfrusaglie, o il lugubre Di Maio, l'impresario di pompe funebri, mentre Bersani, che pure è il buontempone amico di tutti, beve da solo al suo tavolo?

Solo solissimo è anche Salvini: il vigliaccone sempre in un angolo che guarda storto ogni straniero che varchi la soglia, borbottando frasi senza senso ma sempre pronto a mettersi al riparo.

Gli fa da sponda, occhieggiando gli avventori dall'angolo opposto, la bionda Meloni: oggi triste e volgarotta, ma un tempo bellissima e provocante soubrette del *saloon*, segreto desiderio dell'imberbe Speranza, il pacifico figlio del Pastore.

Due mendicanti claudicanti e sdentati, Mastella e Tabacci, si aggirano intanto fra i tavoli alla ricerca di bicchieri a metà e di sigari non del tutto fumati, mentre Calenda, in abiti da lavoro, striglia i cavalli nella stalla.

Veltroni, seduto al pianoforte col consueto cartello che invita (ahimè) a non spargli addosso, strimpella popolari motivetti. Lo intimorisce con occhi di ghiaccio il temuto pistolero D'Alema, sempre in cerca di guai e al servizio di chiunque sia pronto a pagarlo, come il vecchio e crudele padrone delle miniere, l'insaziabile Berluscoony, da sempre in lotta con il giovane Renzi: un allevatore ex cacciatore di taglie che mira ad arricchirsi sottraendo la terra e il bestiame ai vicini.

Brilla in tanto squallore l'elegantissimo baro Giuseppi, intento in un frullar di carte a spennare i suoi polli al tavolo da gioco, sempre pronto a cambiar città non appena l'aria comincia a farsi pesante. Tra le sue vittime predilette c'è Di Battista, avventuriero spaccone e senza fissa dimora, sempre pronto a giocarsi quel poco che possiede e regolarmente destinato a perdere.

Fortuna vuole che a vegliare su tutto e su tutti ci sia il paziente e coraggioso sceriffo Draghi, terrore dei criminali, per l'elezione del quale particolarmente a suo tempo si spese l'anziano Mattarella: ricco proprietario di ranch che, per la sua equità e matura saggezza, gode del rispetto dell'intera popolazione.

È grazie ad essi che il villaggio ha saputo resistere alla minaccia delle numerose tribù indiane che abitano le riserve circostanti, sebbene ridottesi assai di numero: come gli urlanti Landinis, sempre sul piede di guerra, o i meno temibili Fratojannis, o i sanguinari Paragones.

Poca roba, rispetto ai selvaggi Putinieris che rullano i tamburi minacciando le ricche terre del Nordest.

La vita scorre tutto sommato tranquilla, tra i verdi pascoli di Chitory Mountain.

11 Luglio 2022

5. Sardine affumicate

Nella penuria di testimonial da mandare in ti-vù alla vigilia dell'eroica battaglia parlamentare piddina sulla cannabis, la protosardina Santori (più *canna-tris* che *cannabis*) fa *outing* e pubblicamente confessa che a lui le canne piacciono. E mica da oggi.

Niente da eccepire contro il simpatico animatore di piazza: a) in tempi di libera eutanasia, ciascuno è libero di stendersi quando e come preferisce: non è punibile il suicidio, ma giusto l'istigazione; b) in Italia il possesso e il consumo personale della cannabis è pienamente legale [referendum 1993]; quel che resta illegale sono la produzione e la vendita.

Nel caso del cupleiforme, tuttavia, il suo reato non consiste nel porto abusivo di cannoni, ma nella coltivazione casalinga delle piante e nella preparazione del prodotto finale.

«È come un bicchiere di vino buono!», dichiara entusiasta il pesciolino cantabrico, sottintendendo il sussistere di un'ingiusta discriminazione tra i piaceri degli appassionati cannibali e quelli dei più fortunati consumatori di alcol e tabacco.

Nulla di più falso: anche per quanto riguarda l'alcol e il tabacco, quel che è perfettamente legale è soltanto il consumo, non la produzione.

Tabacco e alcolici sono monopoli di Stato. I prodotti a base di tabacco possono essere commercializzati solo attraverso le tabaccherie di Stato da produttori autorizzati dall'Agenzia Dogane e Monopoli, che ne cura la distribuzione in Italia.

Fumare sigari, sigarette e pipe è del tutto legale. Coltivare tabacco in casa e ricavarne prodotti da fumo resta invece illegale.

Allo stesso modo la produzione per uso personale di bevande alcoliche (birra, vino, altre bevande fermentate e distillati) è regolata dal DL 504/95, che ne autorizza la preparazione domestica solo dopo il pagamento dell'accisa dovuta sulle materie prime e sul prodotto finito, con divieto assoluto di vendita o di spaccio.

Bere un bicchiere di grappa è perfettamente legale. Produrlo per uso personale è consentito solo previo controllo e assolvimento degli oneri fiscali. Venderlo al pubblico, poi, comporta da parte dell'Agenzia un'autorizzazione preventiva dei processi produttivi e degli impianti.

«Bere un bicchiere di vino buono», insomma, non è esattamente la stessa cosa che produrlo.

Detto ciò, quel che desta scandalo non è certamente il fatto che il sardinomane ami spararsi di tanto in tanto una canna, come peraltro è solito fare circa il 20% dei giovani suoi coetanei in Italia.

Quel che realmente indigna è che il piddì in quanto partito, nel collettivo sciorinamento di bandiere e bandierine che precede ogni consultazione elettorale, non abbia trovato nulla di più identitario, di più trainante e di più significativo che innalzare quelle un po' mosce dello *ius sòla* e della canna libera.

Quasi che il Paese non avesse altre più urgenti e più democratiche esigenze, volte a perseguire l'interesse dei molti e non il privilegio dei pochi.

Come se Gramsci, Togliatti e Berlinguer, costretti a rivoltarsi come pale eoliche nei rispettivi sepolcri, fossero felici nel riscoprirsi – grazie ai loro insulsi eredi – più rossi da morti che da vivi.

Ma di vergogna.

13 Luglio 2022

6. Se fossi...

Se fossi ricco voterei piddì,
povero in canna voterei i grillini,
se fossi fesso voterei Salvini,
se fossi matto Sgarbi o giù di lì.

Se fossi vecchio e senza un venerdì
voterei Silvio coi suoi fattorini,
se fossi un fascio come Mussolini
alla Meloni io direi di sì.

Se fossi triste andrei da Bersani
se fossi allegro fuggirei da lui,
così da Renzi e dai suoi pescecani.

Fossi italiano come sono e fui
tutti i miei averi porterei lontani
e tasse e beghe lasserei altrui.

7. Chi brilla e chi fibrilla

Che fanno i partiti in Italia? Fibrillano.

Fra le tante parole di cui aule, giornali e tiggì periodicamente si innamorano (prima ancora di immaginarne il significato) tra ridondanti abbuffate di «resilienza», «migranti», «sinergia», «postura», «sostenibilità», «transizione», «ristoro», «cabina di regia» (ex «tavolo»), il termine che ovunque ultimamente dilaga è «fibrillazione». Inteso non nel senso letterale di alterazione cardiaca dall'esito quasi sempre mortale, ma in quello purtroppo soltanto figurato di «stato di agitazione, di nervosismo».

Fibrillano i cinquezampe, sull'orlo della dissoluzione finale, fibrillano i salviniani, che in quanto a cagnara pretendono di non esser da meno. Fibrilla di conseguenza il piddì, che vede offuscarsi l'illusione di poter sommare stelle e gatti (5+4) nell'ancor più grande illusione di mandare al tappeto i salvosilviomeloniani alle urne. Fibrilla infine il governo, di fronte a una tal schiera di talpe, vermi e roditori fibrillescamente intenta a scavargli il terreno sotto i piedi.

Fortuna vuole che a tener testa a tanta stupida e ignorante incoscienza ci sia un uomo del peso di Draghi, fedele solo e soltanto alla Costituzione, non possedendo altro partito da anteporle. E il presidente del Consiglio non ha certo perso l'occasione per rimarcare la distanza che necessariamente quanto nettamente separa la politica dalle istituzioni. Perché un conto è ascoltare e prender nota delle istanze e rimostranze che provengono da partiti, associazioni e sindacati, un altro è piegarsi di fronte a ricatti e ultimatum che né possono né debbono influenzare l'azione di governo, il cui compito altro non è che quello di servire («amministrare») il Paese.

Solo nelle repubbliche popolari, come lo sono la Cina, il Bangladesh, l'Algeria, la Corea di Kim, il Laos, il popolo (il «Paese») è rappresentato dai partiti/o. Nelle repubbliche parlamentari il popolo si identifica invece con il Parlamento, e solo ad esso il governo è tenuto a obbedire e rispondere.

Nel caso specifico, poi, il governo Draghi è quel che usualmente si definisce un governo d'emergenza, o di unità nazionale, nato dall'impossibilità delle forze parlamentari di giungere a un qualsiasi accordo tra di esse. Tutto ciò in presenza di una grave emergenza economico-sanitaria come quella che la pandemia ha a suo tempo rappresentato ed ancora rappresenta.

Se domani Giovedì 14 Luglio il Senato riunito per convertire in legge il DL 50 già approvato dalla Camera, pur in presenza di forti minacce belliche, debolezza della moneta, crisi energetica e recrudescenze inflazionistiche, riterrà che ogni emergenza sia cessata, bene farà il presidente Draghi a dichiarare esaurita la propria funzione e a rimettere l'incarico, come preannunciato, lasciando al Capo di Stato il compito di nominare un nuovo governo più aderente alla mutata situazione.

Fra tanta gente che fibrilla, Draghi è il solo che brilla. E non sarebbe da uomo qual è accettare soluzioni parziali e abborracciate come il restar lì a reggere il moccolo a quattro capipartito che si azzannano fra di loro su stupidaggini come cannabis o superbonus, condoni fiscali a debito o altre regalie, in vista di un confronto elettorale combattuto a suon di denari e non di idee.

Senza una vera unità nazionale, non possono esistere governi di unità nazionale.

8. Autoincinerazione

Solidali all'amica spazzatura minacciata dall'inceneritore, i cinquegrulli han pensato bene di incenerirsi da soli, negando la fiducia a quel medesimo governo di cui fanno parte.

Peccato che le fiamme, una volta appiccate, finiscano col distruggere tutto quel che incontrano sul loro cammino. Soprattutto quando i numerosi nemici decidono di alimentarle soffiandoci sopra il poderoso vento delle elezioni.

Così l'intemerata grillina non solo decreterà con ogni probabilità la morte di questo governo, ma finirà col certificare l'incapacità politica di Conte – passabile uomo di Stato ma decisamente inadatto al pollaio – e consegnerà le chiavi di palazzi e casseforti a quella che ottimisticamente in Italia continua ad esser chiamata «destra», e che solo un mal riposto italico pudore impedisce di etichettare col suo vero nome.

Brutta fine, per un movimento di *descamisados* asceso in pochi mesi dai bar di provincia ai palazzi del potere, ed oggi intento a minare il già pericolante tempio al grido di muoia Sansone con tutti i Filistei.

Con la non trascurabile differenza che i Filistei, nemici giurati di Israele, Sansone lo imprigionarono, gli rasarono il capo e lo incatenarono. Mica gli proposero di governare insieme a loro.

Lanciando ancora una volta in cielo il loro vaffanboomerang, i resti dei cinquegrulli mostrano al mondo di non esser neppure capaci di distinguere gli alleati dagli avversari, gli amici dai nemici.

Prova (ex)vivente che chi a suo tempo non ha saputo vincere, tanto meno è oggi in grado di saper perdere.

9. Figli del nulla, padri di nessuno

Orgogliosi nella loro naturale pochezza e vigliaccheria, i senatori di fede contiana han facilmente affossato in Senato il governo di cui fanno parte, senza neppure la coerenza e l'eleganza di dimettersi dai ministeri ai quali restano fino all'ultimo imbullonati.

Forse in casa cinquezampe la vigliaccheria la scambiano per coraggio, non avendo di quest'ultimo mai avuto notizia.

Illustriamoglielo. Coraggio è quello del terrorista che, nella sua malvagità, rischia comunque la vita per dirottare l'aereo. Vigliaccheria è quella del copilota che, nella sua stupidità, lo butta giù deliberatamente giusto per fare un dispetto al comandante che gli sta accanto.

Calza a pennello la definizione dello storico economista Carlo Cipolla: «Lo stupido è una persona che causa un danno ad un'altra persona o gruppo di persone senza nel contempo realizzare alcun vantaggio per sé, o addirittura subendo una perdita».

Chi è stato danneggiato, oggi, dal vile sabotaggio dei fannullisti terrapiattisti?

Innanzitutto, il Paese. Secondariamente, loro stessi.

Hanno danneggiato il Paese nell'intento di privarlo di una tra le figure in questo momento più accreditate sullo scacchiere internazionale, alla vigilia di una lunga stagione di guerre che riscriverà gli equilibri geopolitici del pianeta, purtroppo annunciata dal quotidiano accavallarsi di evidenti segnali di crisi energetica, economica, alimentare, militare.

Il blocco dell'azione di governo, inoltre, puntualmente accompagnato dall'esplodere dello spread, dal calo delle borse e dalla caduta dell'euro, interrompe il processo virtuoso che avrebbe potuto garantire al Paese l'erogazione dei fondi europei del PNRR. Affossato anch'esso.

Ma i cinquemenomeno hanno anche danneggiato se stessi, mostrando al mondo non solo la congenita vigliaccheria che li anima, ma anche l'assoluta mancanza di una visione politica di medio e lungo termine, l'inettitudine che impedisce loro di elaborare una qualsiasi proposta costruttiva e non distruttiva, l'incapacità di risolvere i tanti conflittuali pregiudizi ideologici che li dividono.

Condannati all'inferno dell'oblio, qualcuno di essi ha già abbandonato la nave. Altri si aggrappano con le unghie al relitto che affonda, incolpando del disastro il mondo (rigorosamente piatto) e i pianeti limitrofi, nell'incapacità di guardarsi allo specchio ed avviare una seria e profonda autocritica.

L'Italia, sopravvissuta a mille guerre e a cento disastri, supererà anche questo insignificante incidente. E il ricordo dei vaffangrilli si perderà in qualche minuscola annotazione sui libri di Storia: farsesca riedizione dell'Uomo Qualunque, figli del nulla e padri di nessuno.

10. Bulli e bulloni

Un bullo con la *pochette* elegantemente ripiegata nel taschino del doppio petto non lo si vedeva dai tempi di Al Capone, e ovunque ci saremmo aspettati di vederlo tranne che a Roma, nelle vesti di un ex presidente del Consiglio e neo presidente dello zoo – pardon: bioparco – a cinque-zampe.

Deve aver studiato assai, il guardarobiere pugliese, nel tentativo di interpretare credibilmente il difficile ruolo del cattivo.

In parte c'è riuscito. Ma con la voglia di strafare tipica dei principianti, alla fine si è rivelato cattivo innanzitutto con se stesso.

Al momento, infatti, pare che dalle sue intemerate abbia guadagnato ben poco.

Un po' come quel mendicante della storiella che, smesso per una volta il consueto fare umile e accondiscendente di chi ha tutto da chiedere e nulla da offrire, bussò un giorno con particolare determinazione, quasi con violenza, all'uscio di un notabile del villaggio.

All'affacciarsi sulla porta del padrone di casa, irritato da tanto fracasso, il questuante con sguardo protervo e voce stentorea intimò: — Fatemi l'elemosina! Se no...

Alla quale velata minaccia il notabile, ponendo già mano al bastone, replicò: — Se no?

— Se no... — rispose il questuante con toni improvvisamente acquietatisi — Se no... me ne vado!

E, voltate le spalle, se ne andò.

Senza niente in mano.

Conte, stavolta, rischia di uscirne anche peggio. Non soltanto senza niente in mano, ma rimettendoci del suo. A cominciare da quel po' di rispetto e credibilità faticosamente conquistati in due legislature difficili, ma comunque portate a termine; o dai punti guadagnati con l'epica ramanzina al papeetaro pronto alla rivoluzione in bermuda; o dall'aver tenuto testa al Grillo ungendogli a dovere l'anima genovese.

E adesso? Adesso il Conte che non conta non solo ha perso la faccia, e con essa un futuro nelle istituzioni di questo e di qualsiasi altro pianeta, ma rischia di rimetterci anche il partito, ormai lanciato verso il baratro di una terza scissione, coi taverniani (*nomen omen*) pronti a buttarsi tra le braccia di Di Battista e i suoi tre ministri – con relativo stuolo di funzionari e sottosegretari – ben determinati a mollarlo per seguire la via britannica.

No: non quella di Alexander Boris de Pfeffel Johnson, detto *BoJo*, che a differenza loro ha trovato infine il coraggio di dimettersi.

Britannica nel senso di «inglese». O meglio: della poderosa chiave inglese con la quale i tre beneficiati vanno da tempo serrando i bulloni che li tengono saldamente ancorati alle poltrone. Un tempo denigrate ed oggi pienamente integrate coi loro corpi e, se ne possedessero una, anche con le loro anime.

Sicut transit gloria mundi. Miliardi e miliardi di stelle furono create in un sol giorno: il quarto. Pazienza se d'ora in poi ne mancheranno cinque. Pochi se ne accorgeranno.

11. Armageddon

Non chiedete a noi alati, che tutto sappiamo ma nulla possiamo rivelare, l'esito dell'Armageddon che tra meno di ventiquattr'ore scuoterà il Parlamento italiano, nell'epico scontro fra i costruttori (tanti) e i distruttori (pochi).

Da una parte un governo che giusto ieri ha posto a segno un colpo magistrale infilando in terra d'Algeria la cannuccia con la quale l'intera Unione potrà presto succhiare quel gas che il demone russo le nega, e sarà l'Italia a manovrare il rubinetto. Dall'altra una banda di scapestrati che, in mancanza di un mandriano che li tenga al guinzaglio, sparpagliati in un ventaglio che vorrebbe tener insieme in un sol partito gilet gialli e ministri, conservatori e rivoluzionari, filorussi e filoamericani, terrapiattisti ed astronomi, nomadi e stanziali, grilli ed esseri umani, pretende che siano i partiti (per giunta in minoranza) a dettare la linea ai governi. Ai quali, invece, la Costituzione prescrive come unico dovere quello di rendere esecutive le leggi che il Parlamento scrive ed il Capo dello Stato promulga. Fedeli, come da giuramento, solo ed *esclusivamente* alla Nazione, non certo alle associazioni delle quali i propri ministri facciano eventualmente parte, siano esse il Milan Fan Club o il Movimento Fan con quel che segue.

Anche perché, mentre ogni governo ha un unico programma, condiviso dal Parlamento che lo approva col voto di fiducia, ciascun partito o movimento ne ha uno differente. Ma un conto è confrontarsi in Parlamento intorno a tante visioni e proposte divergenti, spesso opposte, nel tentativo di arrivare a un minimo comune denominatore («trovare la quadra», nella lingua barbarica imposta dal Bossi), un altro è pretendere di dirigere un Paese avendo davanti a sé dieci differenti spartiti, anziché uno soltanto. O asserire che un uomo solo possa guidare un'auto equipaggiata con trenta pedali e dieci volanti. Una carrozza con dieci cavalli che puntano in direzione diversa, in virtù di una banale somma di vettori rimane ferma.

Lì sta la colpa di Conte, davvero inattesa in colui che è stato comunque un buon uomo di governo, capace di districarsi in situazioni anche complesse: il voler trasformare quello che è un auspicabile confronto tra governo e Parlamento (più che legittimo, dal momento che trattasi di organi *separati* dello Stato, dunque animati da quella sana conflittualità che consente ad essi di controllarsi a vicenda) in un violento scontro tra un governo legittimamente nominato ed una sorta di governo ombra: quel governo Conte che il nostro piccolo Trump fermamente ritiene esser stato truffaldinamente scalzato dal governo Draghi. Quello che i suoi sodali amano definire *Conticidio*.

Così, anziché far valere le proprie ragioni in Parlamento – sede a ciò istituzionalmente preposta – Conte ha preferito redigere un roboante *cahiers de doléances* che è in realtà un programma alternativo di governo volto a sconfessare quello a suo tempo approvato dai suoi alle Camere. Per giunta presentato a muso duro e accompagnato da gesti e strilla di offesa, di rabbia e di scherno nei confronti del presidente del Consiglio tuttora in carica.

Appiccato l'incendio, di fronte a un tal liberi tutti gli altri partiti non hanno voluto esser da meno.

Dopo cinque giorni di fuochi incrociati, il piddì (unico vero perdente, come piace alla casa) vede improvvisamente restringersi quel campo che illusoriamente immaginava largo; il Bandana, amoreggiando con Salvini per ingelosir Meloni, lancia il «sì Draghi ma senza lattosio» (senza i cinquezampe); la Meloni, dal canto suo, sarà domani in piazza Vittorio a Roma col suo *Vogliovotare!* (lo vorrebbero tutti, se solo esistesse quella libertà di voto negata dal Rosatellum). Sostanzialmente fuori dai giochi i nanopartiti da giardino di Renzi e Calenda, ma proprio per ciò i soli autorizzati a dire la verità: Draghi serve al Paese, i cinquegrulli a niente e a nessuno. Verità rilanciata in tutto il pianeta (quello tondo, non quello piatto) da capi di Stato, istituzioni comunitarie e internazionali, stampa estera, sindaci e presidenti di regione italiani, ceti produttivi. Confermando così come nessuno dei maggiori partiti in Italia sia oggi sintonizzato sul mondo reale, anziché sul proprio ombelico.

Quel che accadrà domani non siamo autorizzati a dirlo. Ma se l'ostacolo è uno soltanto, la soluzione che da millenni con successo si pratica (tranne che a Roma con l'immondizia) è quella di rimuoverlo. Liberarsi dei cinquegrulli non è poi così difficile, se si considera che il grosso del lavoro lo stan già facendo da sé, senza alcun bisogno d'aiuto.

Alla Camera un sostanzioso gruppetto è già fuori, al Senato un altro potrebbe presto aggiungersi. Se solo lo facesse prima delle 14:00 di domani 20 Luglio, Draghi non troverebbe più in aula quei cinque stelle ai quali giustamente chiedeva di tener fede agli impegni, ma un'innocua combriccola di due più due stelle più un'altra raminga stella solitaria, buona forse per rallegrare la bandiera turca o quella dell'ex URSS: la stella (cadente) di Conte.

Staremo a vedere. O meglio: starete. Noi, da quassù, abbiamo già visto tutto.

20 Luglio 2022

12. Tutti a casa

Mai visto un giorno del giudizio con così poco giudizio.

Approdato in Senato con le valigie già pronte, Draghi ha rivolto all'aula un discorso da uomo. Quel che ha ottenuto in cambio è stato uno scomposto ragliare in coro. Dall'asinina voce di quasi tutti i partiti.

Eppure son state parole limpidissime, quelle della comunicazione del presidente del Consiglio alle Camere. Un *excursus* storico condito da vivo apprezzamento per l'iniziale spirito di collaborazione mostrato da tutte le forze politiche, in un clima di autentica unità nazionale. Quindi, con l'allentarsi della minaccia pandemica e appropinquandosi la stagione del raccolto (elettorale), un crescente ritorno dei politicanti agli antichi vizi: spese a vanvera (e a debito) senza freno, giusto per veder scodinzolare gli elettori lanciando loro qualche biscottino.

A conclusione, Draghi indirizza alcune frecciate non solo in direzione delle residue permalosissime stelle di Palazzo Madama, rinfacciando loro lo smisurato amore per la spazzatura romana e il costo spropositato delle supertruffe di superbonus e rendite di non-cittadinanza, ma anche ai non meno irritabili figuri della Lega, che insistono nel pretendere cinquanta miliardi da «investire» in condoni fiscali e regalie a tassinari e balneari.

E poiché non può esistere un governo di unità nazionale senza unità nazionale, né un governo di scopo che non persegua lo scopo per cui è nato, Draghi ha indicato con fermezza quei pochi punti caratterizzanti, a suo parere, i sei mesi finali della legislatura: PNRR, contenimento dell'inflazione, diversificazione delle fonti energetiche, collocazione atlantica del Paese. E su quelli ha chiamato a raccolta i parlamentari.

Salvini non applaude, i cinquezampe non abbaiano. I capigruppo tappano la bocca ai dissidenti e limitano gli interventi ad uno soltanto per ciascun partito.

Così l'auspicata chiarificatrice discussione sulle comunicazioni governative, lungi dall'esaminarne e approfondirne i contenuti si trasforma ben presto in uno sguaiato accavallarsi di comizi rabbiosi e urlanti, nei quali di tutto si parla tranne che del discorso del presidente, tra aperte rimostranze e poco velati insulti, che trovano infine una secca e piccata risposta nella concisa replica di Draghi.

Si passa quindi al voto. Contrario il duo comico Salvy & Berlusca, astenute le comete senza meta.

Una striminzita maggioranza il Senato riesce ad esprimerla comunque, ma Draghi ha già caricato in macchina le valigie e domani sarà al Quirinale, dopo una breve sosta in casa Montecitorio.

Ci sarà una seconda puntata. Ma la frattura pare ormai insanabile e la campagna elettorale è da oggi ufficialmente in corso.

Augurarsi che vinca il migliore è pura fantascienza, per assenza di migliori.

Più facile sperare che perda il peggiore. Ma sarà una bella gara.

21 Luglio 2022

Destinati a Perdere

13. Destinati a perdere

Nel grande incendio estivo che ha carbonizzato il governo Draghi, appiccato da ragazzini incoscienti che giocavano a tirar petardi ma alimentato dai proprietari confinanti, desiderosi di metter le mani sull'intera proprietà, il solo ad essersi realmente scottato le dita è il foscoveggente segretario dell'ormai ex *piddì*, oggi riscopertosi *dippì*: Destinati a Perdere.

Illuso di poter vincere le elezioni accasandosi coi fannullisti no-tutto di Conte, in piena retrocessione verso le origini movimentiste sansepolcriste, nonché dichiaratamente schierati con la Russia di Putin e fieri avversari di ogni progresso, per poi venderseli agli elettori piddini come affidabili amici dell'Occidente pronti a combattere le minacce asiatiche e fautori di ogni sviluppo, ha presto dovuto rinunciare al fantasioso progetto. Avviandosi così verso il confronto elettorale in piena solitudine e armato dei soli strali dello *ius sòla* (in gran parte destinato a chi ancora non ha l'età per votare) e della cannabis (anch'essa rivolta a spacciatori e cannibali che tuttavia rappresentano all'ingrosso poco più di un 10% della popolazione, e non tutta in età di voto). Armi che persino Zelensky non esisterebbe a rispedire indietro al mittente.

Così, nella riunione di partito che stamattina ha dato ufficialmente il via alla campagna elettorale dippina, allo sconsolato segretario non è restato altro che riaffermare, in assenza di un vero e articolato progetto politico, la generica linea da Opus Dei che ne sta alla base: «Partire dalla parte più debole e fragile della Nazione».

Praticamente dal 5% degli elettori italiani. Gran parte dei quali già saldamente incollati alle mangiatoie salvomelogrilline.

Per il restante 95% il piano è quello di aprire ai flussi migratori in fuga dagli altri partiti: perseguitati politici come Brunetta o Gelmini, o i possibili profughi da altre stellari galassie. Oltre quei pochi eremiti che si aggirano con l'unica capra nei deserti di Leu e di Articolo Uno.

Basterà il solo mese di Agosto per triplicare quel 21,3% che i sondaggi attribuiscono oggi al dippì?

14. Vinceranno?

Vincere? Vinceranno. A meno che...
A meno che intorno a un piddì sedotto e abbandonato dalle orde barbariche postgrilline non trovino acconcio riparo i tanti orfani di Draghi. Senza star troppo a domandarsi quanti lo piangano con sincero affetto e quanti per personale interesse.

Così almeno impone un sistema elettorale (il Rosatellum) che in verità elettorale non è, dal momento che non lascia all'elettore possibilità alcuna di indicare con nome e cognome la persona che vorrebbe veder eletta in Parlamento. Un sistema che, in particolare nella parte maggioritaria, premia le coalizioni. E, al momento, la sola coalizione in corsa è quella salvosilviomeloniana, per di più col possibile travaso di un certo numero di nostalgici randagi in fuga dal branco a cinquezampe.

Se così sarà (o meglio «è», visti i tempi brevi delle urne) un partito dato oggi al 21,3% dovrebbe vedersela muso a muso con una compagine che al momento vale un 46,6%, ma che potrebbe persino oltrepassare il 60%, se dovesse intercettare anche solo una parte dei grilli salterini.

Vinca chi deve vincere, s'intende. Ma c'è un punto limite oltre il quale sarebbe bene che nessuna delle coalizioni in gara si spingesse. Parliamo di quel 66,6%, pari ai due terzi delle Camere, che consentirebbe al vincitore di riscrivere la Costituzione di proprio pugno e a proprio piacimento, ponendo così a rischio le fondamenta stesse su cui si regge l'unità nazionale.

Il solo modo per far sì che chi vince, vinca ma non troppo, è quello di fare in modo che chi perde, perda ma non troppo. Per questo motivo anche il più piccolo apporto di uno sperduto partitino potrebbe infine determinare un'esiziale differenza.

Ma osserviamo da vicino il campo su cui confronteranno i vari schieramenti.

Il Rosatellum bis (L. 165/2017) assegna per via maggioritaria oltre la metà dei seggi (il 37%) e il 61% per via proporzionale, mentre il restante 2% è destinato ai rappresentanti degli Italiani all'estero.

Sono previste soglie di sbarramento nazionali del 3% per le liste singole (10% per le coalizioni) e regionali del 20%.

Ne discende per le forze politiche la necessità, prima ancora che il vantaggio, di presentarsi coalizzate. Non solo per aver la certezza di superare la soglia di sbarramento ma, soprattutto, per poter sperare di competere nella quota maggioritaria.

Tralasciamo la quota proporzionale, dove i partiti presentano liste bloccate di amici e tirapiedi sui cui nominativi poco può fare l'elettore, che non dispone di alcuna possibilità di scelta. E tralasciamo le liste estere, dimostratesi col voto anticipato per corrispondenza e le operazioni di spoglio prive di alcun controllo una fabbrica di brogli fortunatamente non in grado di incidere significativamente sulla composizione finale delle Camere.

Meglio concentrarsi invece sulla quota maggioritaria.

«Nei collegi uninominali», recita la legge, «il seggio è assegnato al candidato che consegua il maggior numero di voti validi; in caso di parità, è eletto il più giovane per età».

Ciò significa che nessun partito che si misuri singolarmente contro una coalizione di due o più partiti avrà una benché minima possibilità di veder eletto il proprio candidato.

Detto ciò, l'intera questione da politica parrebbe diventare puramente numerica: vince chi accatta un voto in più dell'avversario.

Esistono tuttavia due possibili strade: la prima è appunto quella (numerica) di opporre all'avversario una coalizione capace di portare alle urne il maggior numero di fedelissimi; la seconda (più propriamente politica) sarebbe quella di candidare, quanto meno nella quota maggioritaria, persone di altissima levatura intellettuale e morale, tali da raccogliere intorno a sé nuovo elettorato ed attrarre voti finanche dalla coalizione avversaria.

Non è una cosa nuova. Era, dopotutto, il sistema prediletto dal vecchio PCI, che sin dal 1948 non mancò di riservare i primi posti in lista ad un certo numero di candidati indipendenti dal partito, ma di valore universalmente riconosciuto. Una volta eletti, poi, con grande signorilità il partito neppure mai pretese che si iscrivessero al gruppo parlamentare del PCI, ma anzi diede loro la possibilità di optare per il gruppo alternativo degli Indipendenti di Sinistra.

È il PCI che lo insegna: manda in aula una persona degna.

Che possa rivelarsi questa, infine, la chiave vincente?

Una persona di riconosciuto valore non solo migliorerà la qualità della fauna inviata a pascolare nel Palazzo, ma può richiamare alle urne i molti delusi che non si riconoscono in alcuna parte politica, magari perché ritengono che anche l'imparzialità sia una virtù da coltivare, piuttosto che svenderla a un partito in cambio di qualche favore.

Personaggi di grande popolarità, come lo furono a loro tempo *influencer* del peso di un Alessandro Manzoni o di un Gianni Rivera, di un Eugenio Montale o di un Eduardo De Filippo, di un Renato Guttuso o di un Giorgio Strehler, godono solitamente di un'ampia personale platea, capace di attraversare gli steccati ideologici imposti dai partiti.

E pazienza se anche le forze avversarie dovessero per tutta risposta scegliere di percorrere la medesima strada. Tanto meglio: sarà comunque un bel perdere se il prossimo Parlamento avrà qualche faccia da galera in meno e qualche bella persona in più, meno suon di ragli e più saggezza nei discorsi, più esperienze professionali e meno liti da bar di periferia.

Sarà una campagna elettorale breve, condotta sotto una calura africana con gli elettori in spiaggia e la grande programmazione televisiva in pausa agostiana. Per di più coi partiti in via di riposizionamento: le cosiddette destre sospettose l'una dell'altra, una certo friccicorino al centro, un piddì povero e disarmato e i cinquegrulli battitori liberi.

Strategicamente parlando, non si intravede altra via se non quella di sommare *qualità* a *quantità*.

Bene il campo largo. Anzi: il più largo possibile (purché non concimato da deiezioni a cinquestelle), assai meglio se coltivato da persone che conoscono il loro mestiere, sanno di che parlano, godono di grande popolarità e sono ovunque apprezzate per quel che sono e per quel che fanno.

Chi sta sul mercato sa bene quanto un testimonial di valore aiuti a vendere un prodotto di valore. Funziona nelle campagne pubblicitarie. Funziona anche in quelle elettorali.

Lo avevano capito Togliatti, Longo e Berlinguer. Diventati adulti (come si spera) dovrebbero comprenderlo anche i loro eredi.

Il tempo è poco, gli avversari tanti. Ma ancor più numerosi son quegli elettori disorientati che, a naso, han tuttavia fiutato l'incombente pericolo e non attendono altro che una seria occasione per recarsi alle urne e dare concretamente una mano.

Per vincere.

23 Luglio 2022

15. Il giorno dello sciacallo

Il cadavere del governo è ancora caldo, ma già s'intravvede l'ingobbito profilo degli avvoltoi e ovunque risuona il lugubre ululato degli sciacalli.

Ogni riferimento è puramente casuale, ma quel prezioso silenzio di cui Grillo ci ha fatto gradito omaggio in questi ultimi giorni di agonia istituzionale, è stato ieri improvvisamente interrotto da una *temposta* (tempesta di post) presto tracimata sulle prime pagine dei quotidiani, a secco di notizie per via dell'incombente week-end.

Che dice dunque l'ortottero?

Parlando come un dio Giano bifronte, prediligendo delle due la retrostante, tra una frecciata a *Giggino 'a cartelletta* e un'impuntatura circa il limite dei due mandati, il Sommo si lamenta del brutto spettacolo offerto nei giorni scorsi dal Parlamento italiano. In particolare delle brutte facce dei parlamentari:

«gente che è lì da 30 o 40 anni», un Parlamento come «non se lo merita nemmeno l'ultimo degli Italiani».

Prudentemente scordandosi, tuttavia, che all'interno di quel Parlamento figlio di una legge elettorale che ha cancellato la libertà di voto per sostituirla con la nomina diretta di senatori e deputati per mano dei partiti, i cinquezampe rappresentavano la maggioranza relativa. Non solo: il suo movimento è stato la sola forza politica ininterrottamente presente nei tre governi che il Parlamento ha espresso nel corso della legislatura. Non c'è pertanto legge, norma o provvedimento, o proposta di modifica costituzionale, che le sue truppe non avessero potuto avviare e portare a termine. Se solo lo avessero voluto.

Ma si son guardate bene dal volerlo. Preferendo lasciarsi trasportare dalla dominante corrente parafrancescana e «pensare ai poveri» (il 5% delle popolazione, peraltro tutelato nell'Italia cattolica come in nessun'altra nazione al mondo). E, per il resto, non pensare a nulla: né a raccogliere l'immondizia dalle strade di Roma, né a costruire strade, porti, aeroporti e ferrovie, né ad elevare il tasso di istruzione nel Paese, né a correggere gli scempi di una sanità finita tra le voraci fauci delle Regioni, né a definire una collocazione certa dell'Italia nel contesto internazionale. Cancellando dal loro dizionario la parola SÌ a favore di un NO permanente e a prescindere, confidando sul fatto che, di fronte a qualsiasi proposta, i contrari siano sempre e comunque in numero superiore ai favorevoli.

A meno che, come nella migliore tradizione sanculotta (più culotta che santa) non si tratti di additare a *tricoteuses* e plebi affamate di linciaggi un nemico anche immaginario, purché altolocato: dagli incolpevoli Benetton ai precedenti governi, dalle «multinazionali» ai «poteri forti», dagli Stati frugali (ex plutodemocratici) all'«Europa». Tanto da giungere a tagliarsi tafazzianamente i seggi e ridurre le due Camere a un'assemblea condominiale, con gravi ripercussioni sulle quote di rappresentanza territoriale.

Dov'erano a quel tempo i grilli, quando i «ragazzi» giocavano a fare i parlamentari e qualcuno andava a scuola di tonno?

A differenza del saggio grillo parlante, il furbo grillo ligure è ora tacente, ora parlante, secondo le convenienze. Sta al riparo durante le tempeste, ma torna allo scoperto quando la furia degli elementi si placa.

Il grillo ligure è persino capace di quella che lui chiama «autocritica», ma che, a giochi finiti, sarebbe più corretto definire lacrime di coccodrillo: «L'Italia si merita una legge elettorale, proporzionale con lo sbarramento, si merita una legge sulla sfiducia costruttiva, si merita tante cose e noi non siamo riusciti a farle: mi sento colpevole anche io. Ma abbiamo fatto qualcosa di straordinario: sono tutti contro di noi».

Ribaltando putinescamente quell'indiscutibile verità che sta sotto gli occhi di tutti: è stato il suo movimento a mettersi deliberatamente contro il governo, e non il mondo intero contro Conte.

Ora però, non è più tempo di parole ma di numeri. E i grilli, soprattutto quando parlanti, dispongono notoriamente di molte più parole che numeri.

Altri cadaveri (politici) si profilano all'orizzonte. Altri avvoltoi (politici) ne trarranno sostanzioso nutrimento.

24 Luglio 2022

16. Divergenze parallele

Più simili che dissimili fra loro (di parte, ma non «partite») le indebolite forze politiche del nostro stivale vanno a caccia di alleanze. E pure di gran fretta.

Non certo perché smaniose di stringere nuove amicizie (meglio le inimicizie), ma perché a ciò costrette da un'orripilante legge elettorale che, sul modello Frankenstein, cuce insieme proporzionale e maggioritario, vecchi collegi e Camere smagrite, soglie minime variabili al bisogno e sottrazione del diritto di voto agli elettori.

La scadenza per la presentazione delle liste è il prossimo 22 Agosto e, prima ancora di carta e penna, si affilano i coltelli.

È tempo di riposizionamenti.

Non c'è partito che non rinneghi le vecchie amicizie per strizzar l'occhio alle nuove, ridonandosi perdute verginità mentre dipinge d'oro e di rosa gli improbabili scenari di future e progressive magnificenze.

Pesa su tutto l'ingeneroso confronto fra tanta insipienza e tanta sapienza: quella di Draghi, che è vivo e lotta (non insieme a loro, ma nonostante loro). Quando nessuno, tra i capoccia di partito, ha da proporre un nome spendibile e vincente che possa sostituirlo.

Lungi dal mettersi a caccia di un novello Prodi (lo sconosciuto ex consigliere comunale democristiano dimostratosi capace di coagulare intorno a sé l'ampio schieramento dell'Ulivo e ricacciare nel 1996 le possenti armate berlusconiane) gli attuali partituzzi del 20% (e giù di lì) si preparano alla battaglia schiacciati tra la necessità di stringere innaturali alleanze e l'incauta presunzione di potercela fare da soli.

Eppure mai come oggi una condivisa incomprensione del presente pare accomunare questi finti partiti, dove quel che li unisce è decisamente più forte di quel che dovrebbe invece dividerli, separarli, distinguerli, appunto «partirli».

Partito	Laico	Libdem	Progress	Eurofed	Atlantico
PD	NO	NO	NO	NO	SÌ
5ST	NO	NO	NO	NO	NO
LEGA	NO	NO	NO	NO	NO
FI	NO	NO	NO	NO	NO
FDI	NO	NO	NO	NO	SÌ
AZIONE	SÌ	NO	SÌ	SÌ	SÌ
I-VIVA	SÌ	SÌ	SÌ	NO	SÌ

Così almeno traspare dalla tabella qui sopra: dove si evidenzia quanto in definitiva convergano le ideologie delle maggiori formazioni, che paiono scostarsi dalla massa solo nel caso dei due partiti-giocattolo di Azione (4%?) ed Italia Viva (2%?): minuscole formazioni a rischio scomparsa, in assenza di un'accorta politica di alleanze.

Nessuno dei maggiori partiti italiani può dirsi compiutamente «laico». C'è in tutti un'adesione pressoché totale ai principi cristiani, in particolare sintonia con la linea neofrancescana dell'attuale papato, fino agli strumentali eccessi di chi ama farsi ritrarre circondato da madonne e santini, stanco di *cuba libre* e *mohito*.

Tra i meloniani, forti sono le spinte antiabortiste e antidivorziste. Più a parole che nei fatti, a ben guardare, e tuttavia apprezzate in area vaticana.

Tutti i partiti si dichiarano a parole «democratici», santificando con questo termine due particolari aspetti che della democrazia non sono che il contorno, piuttosto che la sostanza: 1) la libertà di voto (che esiste anche nei consigli di amministrazione e nelle assemblee condominiali, per definizione covi di «padroni»); 2) il dovuto rispetto per le minoranze (che alcuni partiti non nascondono di voler trasformare in privilegio).

Elemento fondante della democrazia dovrebbe più correttamente intendersi il «principio maggioritario, in base al quale le decisioni sono prese dalla maggioranza e la minoranza si conforma a esse [Treccani]».

Nessun partito, con l'esclusione degli eremiti renziani, può onestamente sostenere di porre al centro della propria politica le maggioranze piuttosto che le minoranze. Siano esse tassinari o balneari, *ius sóla* o «poveri», *gender mix* o cannabis... Assecondare le minoranze, dopo tutto, non costa nulla e ti apre le prime pagine dei giornali. Occuparsi delle maggioranze costa centomila volte di più e nessuno ti si fila: poiché costruire strade e ferrovie o far marciare scuole ed ospedali non è che ordinaria amministrazione. Quotidiano dovere, mica straordinaria impresa.

Allo stesso modo non c'è partito che non si proponga ai suoi elettori come «progressista», salvo poi smentirsi nei fatti.

Ai loro occhi non c'è nulla di meglio, per favorire il progresso, che impedire in assetto da guerriglia la costruzione di oleodotti e gasdotti, porti ed aeroporti, ponti e tunnel, strade e autostrade, reti informatiche e centrali elettriche, inceneritori e rigassificatori.

Non c'è partito che non abbia a questo riguardo i propri personalissimi NO. Qualcuno, per far prima, di NO ne utilizza uno soltanto, ma buono per ogni evenienza.

Solo i due micropartiti renzocalendiani assumono talvolta, con la dovuta circospezione, atteggiamenti fattivamente progressisti. Incuranti del fatto che una reale crescita del Paese raccoglierebbe ben pochi applausi, privando gli Italiani del passatempo che più amano al mondo: lagnarsi di tutto all'infinito ed accusarne il governo. Meglio se ladro (e pazienza se son tre mesi che non piove: dal 26 Settembre diluvierà).

Se poi si parla di Unione Europea, non c'è partito che non si dichiari genericamente «europeista». Soprattutto se c'è da acchiappar denari (a debito, perché quelli a fondo perduto poche amministrazioni si degnano di chinarsi a raccoglierli), ma pronti a dir peste e corna ad ogni direttiva comunitaria che li richiami ad elementari principi di civiltà, come la condanna della tortura o l'obbligo di indire regolari gare d'appalto per la concessione e l'alienazione dei beni pubblici.

Fra tante forze paraeuropeiste, poi, è quasi impossibile trovarne una che si dichiari «eurofederalista»: ossia favorevole alla costituzione, accanto od in luogo dell'attuale Unione, di uno Stato federale europeo con poteri legislativi, esecutivi e giudiziari sulle materie di interesse comune. E, soprattutto, in grado di dar vita ad un esercito federale che consenta ad Italia e Germania di superare le limitazioni al sistema di difesa imposte dai trattati del 1947, ponendo così fine alla sostanziale condizione di disarmo in cui versa l'Unione dopo la fuoriuscita del Regno Unito.

Solo il partito tascabile di Calenda, anche in virtù dell'alleanza col partito da borsetta della Bonino, pare in qualche misura orientato verso l'obiettivo di uno Stato federale europeo.

La collocazione atlantica, infine, vede tre dei maggiori partiti apertamente schierati al fianco della Federazione russa: non solo la Lega e il Partito di Conte, ma anche quello del compagno di letto Silviosky. Il quale, seppur ben consigliato di allinearsi sul tema alle idee meloniane, al melone ha infine preferito la zucca: quella di Salvini. Forse nella speranza che qualche fatina gliela trasformi in carrozza, così da potersi trionfalmente ripresentare al governo. Col cocchio.

Resta invece formalmente atlantista, salvo future pressioni dall'interno del partito, la chiassosa sorella dei fratelli d'Italia.

Rivolgendo un ultimo sguardo d'insieme alla tabella, il quadro è sconfortante. Il solo vero discrimine pare essere lo schieramento a favore o contro l'alleanza atlantica. E neppure così netto, se si considerano le frange antiamericaniste interne al piddì o quelle atlantiste, seppur numericamente irrilevanti, presenti in forzaraglia.

Sembra dunque assai probabile che proprio al qua o al di là di quella linea finiscano con l'attestarsi i due schieramenti.

Col rischio concreto di un temuto governo a trazione bidenmeloniana frenato da un contrapposto parlamento putinsalviniano, con Conte e Berlusca, chierichetti a lato, a servir messa. E il piddì all'opposizione, discettando di bimbi da cittadinare e di cannabis.

Roba da leccarsi i baffi!

Mica come con quel perditempo di Draghi...

26 Luglio 2022

17. Lezioni di pesca

Sono ormai duemilasettecentotrentasei anni che tra le nuvole del Paradiso ci fa compagnia un simpatico angelo che, sotto la dinastia Zhou, fu uno dei più abili pescatori dell'isola di Xiadaoniang, di fronte alla costa orientale della Cina.

Il pacifico Ming (questo era stato in vita il suo nome) conduceva un'esistenza sana ma semplice e sempre uguale, lontanissima dalle ricchezze e dai lussi che animavano la corte di Chengzhou, l'odierna Luoyang.

L'umile Ming non aveva mai visitato quella splendida reggia, di cui forse neppure sospettava l'esistenza, ma un suo pensiero, che alcuni marinai forestieri orecchiarono per caso mentre dividevano con lui il pasto in una vecchia taverna sul molo, giunse di bocca in bocca là dove Ming in tutta la sua vita non sarebbe mai potuto arrivare: tra le possenti mura della città proibita, residenza dell'imperatore della Cina Orientale.

Attribuita dai posteri ora a Confucio (nato però duecento anni più tardi), ora al poeta Kuang Tsen, ora ai Gesuiti spagnoli, nessuno avrebbe mai potuto immaginare che quel frammento di sapienza, destinato ad attraversare i millenni, provenisse dalla mente di un povero pescatore che una giornata di bonaccia aveva costretto in mezzo al mare in una giornata di magra.

«Dai un pesce ad un uomo e lo nutrirai per un giorno; insegnagli a pescare e lo nutrirai per tutta la vita». Questa era stata l'improvvisa illuminazione di Ming, riconoscente debitore del proprio sostentamento a chi seppe un tempo trasmettergli quell'arte.

Seppure il destino gli avesse impedito di legare il proprio nome a quella frase, divenuta in seguito proverbiale, per quasi tre millenni Ming non mancò di gioirne insieme a noi, felice e soddisfatto della duratura traccia involontariamente lasciata nel corso del suo breve passaggio per il mondo.

Da circa tre anni, tuttavia, il nostro beato collega Ming ha preso ad intristirsi giorno dopo giorno. Il bel sorriso orientale s'è quasi spento e sempre più spesso ci capita di vederlo isolarsi tra oscuri pensieri.

Quando qualcosa del genere accade, tra gli splendori di un Paradiso di cui Thaiti e Bora Bora non sono che un'imitazione da bancarella, il primo pensiero va al demonio: che certamente deve aver scovato qualche inedita e diabolica via per stender fin qui i suoi luridi artigli.

È stata sufficiente una breve indagine affidata all'angelo di prima piuma Andrea Camilleri, recentemente giunto fra noi, per scoprire le ragioni di tanto sconforto.

Pare che il demonio in persona, travestito da stella – anzi: da cinque stelle – abbia escogitato un modo per cancellare dal mondo la saggia sentenza di Ming, rovinandogli la vita per l'eternità.

Il satanico inganno, astutamente celato sotto il nome di «Reddito di cittadinanza», avrebbe preso il via in Italia: lo stivale dei nostri stivali dove ogni imbroglio vale.

La truffa sta già nel nome, dal momento che non si tratta in realtà di un *reddito* (corrispettivo di un lavoro o frutto di una preesistente ricchezza) ma di una *rendita* (sinecura elargita gratuitamente senza alcun corrispettivo), e neppure può dirsi di cittadinanza, visto che è legittimato a percepirlo anche chi una cittadinanza non la possiede. Il peggior inganno, tuttavia, sta nel fatto che negli intenti inizialmente dichiarati, tale rendita sarebbe dovuta essere propedeutica all'avviamento del percipiente al lavoro.

Per dirla col collega Ming: io ti insegno a pescare, ma poiché tu moriresti prima, se non ti dessi di che cibarti nel frattempo, ecco a te mezzo pesce che continuerò ad elargirti fino a che non sarai pronto a pescarne di tuo con la canna che adesso ti preparo. Anzi: incaricherò all'uopo una razza particolare di esperto marinaio (il *navigator*) affinché ti prepari la più bella canna da pesca che tu abbia mai visto.

Un angelo non avrebbe saputo dir meglio. Ma a parlare, *ahimé*, non era un angelo, ma Satana in persona. Con tutte e cinque le corna mascherate ciascuna da una mal disegnata stella.

Immediatamente il diavolo si mise alla ricerca di tutti i peggiori fannulloni che allignavano nella buffa penisola, inclusi proprietari di prime e seconde case, spacciatori multisostanza e criminali d'ogni genere, commercianti abusivi, titolari di redditi occulti, finti nullatenenti con ricchi parenti, persino camorristi da anni in carcere, per giunta di massima sicurezza. E diede loro un mezzo pesce ogni mese affinché, sotto la guida del *navigator* (che di pesci ne riceveva invece tre) imparasse a pescare.

Mille ragioni venivano però ogni volta opposte per giustificare l'ostinato rifiuto dei beneficiati ad apprendere: la canna è troppo lunga, troppo corta, e neppure mi piace il colore; l'amo è troppo piccolo; l'amo è troppo grosso; sono un ambientalista e lungi da me l'idea di uccidere un pesce: preferisco mangiarlo già ucciso; mi fa male la mano e non posso reggere la canna; meglio povero in canna che faticar con la canna... E via scansando.

Così non solo nessuno imparava a pescare, ma molti di coloro che già lo facevano trovarono più conveniente tirare i remi in barca e cessare di farlo, mentre coloro che avrebbero dovuto insegnarlo agli altri (i *navigator*, per definizione i più bravi nell'arte) la barca l'avevano da tempo inchiodata in porto, preferendo girarsi i pollici in qualche oscuro ufficio.

Potete immaginare lo sconforto di Ming, consolatosi dopo quasi tre millenni della mancata fama, ma adesso a rischio di passare addirittura per menzognero, col più bel frutto della sua utile vita cancellato da quanti propugnavano invece un più redditizio e meno faticoso non-vivere.

Come le Scritture insegnano, le battaglie tra angeli e demoni si svolgono sulla Terra, non potendo oltrepassare i primi le porte dell'Inferno e i secondi quelle del Paradiso.

Così diversi angeli furono spediti dabbasso sulla non più paradisiaca Terra, chi in veste di ministro, chi di sottosegretario, chi di parlamentare, col preciso compito di por fine a tanto scempio.

Ma lo stesso avevan fatto i diavoli, decisi a difender strenuamente e in armi la volontà di cancellare per sempre la punizione a suo tempo comminata ad Adamo.

Quel che poi è successo è sotto gli occhi di tutti: il governo italiano costretto a dimettersi, il Parlamento disciolto e i nostri ed i loro agenti costretti a improvvisare in pochi mesi una campagna elettorale sotto i 40° del fiato infuocato con cui Belzebù va incendiando, non solo metaforicamente, il Paese.

Non gliela daremo vinta. Combatteremo e lotteremo fino a veder riaffiorare il sorriso tra le rosee gote di Ming, affinché il suo detto, universalmente divenuto proverbiale, tale ancora rimanga per molti e molti millenni, e il diavolo cacciato per ora e per sempre all'opposizione.

Strappate le stelle, torneremo infine a riveder le corna.

E a rinfrescar negli umani l'arte di distinguere il bene dal male.

18. Il penultimo dei Mohicani

L'ultima stella ad abbandonare l'orbita spaziale è stata quella di Massimo Bugani, grillassessore a Bologna, già stretto collaboratore di Di Maio e Virginia Raggi.

Forse per motivi di rima, Bugani ha scelto di paracadutarsi in area Bersani, che rischia così di dover cambiar nome al gruppo: da Articolo 1 ad Articolo 2.

Ma il neo arrivato non ne fa una questione di numeri: «È un piccolo partito fatto però da idee chiare e limpide», confida al Corriere che lo ha intervistato.

Una vicenda a prima vista marginale, quest'ennesima fuga per la non-vittoria, che si presta tuttavia ad alcune confortanti considerazioni.

La prima è che ancora c'è chi fa politica per convinzione. Passando da una formazione piccola ad un'altra minuscola, nessuno potrà accusare questo eroico transfuga di aspirazioni carrieristiche. A meno che non si intenda etimologicamente per «carriera» quella strada (*carreira*) dove entrambi gli articoli rischiano di ritrovarsi in autunno.

La seconda è che tanta purezza d'animo ha fatto di lui quel bimbo che, nella sua innocenza, può permettersi di additare al mondo la nudità del re.

Alla domanda sul perché non si fosse tuffato anch'egli nel pozzo ampio di Letta, così si è difeso: «Prima bisognerebbe lanciare un manifesto politico chiaro, ambientalista, progressista e antifascista, in grado di accendere la speranza. E poi successivamente si dice: "chi condivide questo manifesto metta il dito sotto". Io la smetterei di dire chi sta dentro e chi sta fuori e chi si vorrebbe escludere, finché non si decide il "cosa" si vuole fare».

Un'osservazione tanto chiara, pertinente e veritiera ancora non s'era sentita, in questo disordinato principio di battaglia elettorale.

Il piddì si è finora ben guardato dall'esplicitare una linea politica men che generica o dal definire un coerente programma di governo, appellandosi piuttosto a imprecisate «agende sociali», mentre tenta di ricacciare frettolosamente sotto il tappeto quel pulviscolo divisivo che odora di cannabis, zan e *ius sòla*: ridicole cerbottane contro le testate nucleari salvomeloniane.

Nell'illusione che si possa riempire il teatro selezionando prima gli attori, e poi costruendogli intorno un copione purchessia.

E non viceversa.

19. Paracool!

Può esistere un populismo più populista di quello con cui gli antipopulisti aizzano il popolo contro il populismo?

No. Non può esistere.

Così la medaglia d'oro del populismo è stata oggi meritoriamente appuntata (a furor di popolo) sul petto di Enrico Letta, riconosciuto condottiero dei benestanti benpensanti del piddì.

Le motivazioni?

Aver proposto la «dote» ai diciottenni. Tutti. Inclusi i già dotati di per sé: chi per generosità di Natura, chi perché prossimo e impaziente erede di familiari dovizie.

In virtù della proposta lettiana, annunciata via *tweet* sin dal lontano 5 Giugno 2021 sulle note dell'antipopulista «Avanti o popolo», ogni cittadino (o non cittadino) italiano, al compimento dei fatidici diciott'anni dovrebbe ricevere in dono dallo Stato una cospicua somma a titolo di «aiuto concreto per gli studi, per il lavoro, la casa».

Roba di fronte alla quale né le dentiere-per-tutti del Berlusca, né la *flat-tax* salvomeloniana, possono aspirar di più che a una misera patacca d'argento o di bronzo.

Di bronzo come la faccia di Enrico Letta. Che mentre allontana da sé il malevolo sospetto che il fine ultimo del provvidenziale marchettone sia quello di lasciar che i pargoli in odor di voto si accostino a lui, e al suo partito, si premura di specificare che a sostenere il costo del provvedimento saranno i «plurimilionari» (traduzione: quei pochi Italiani che già pagano, e sostanziosamente, le tasse), all'uopo martellati da un'apposita imposta patrimoniale e/o da una non meno pesante imposta di successione.

Poco importa se poi il neodiciottenne impiegherà la ricca dote per metter su famiglia (improbabile) o per far provvista di canne o gratta e vinci (probabile). L'importante è che vada a votare, e voti nel modo «giusto».

Così, al possente arsenale elettorale piddino, che già vede puntate sul nemico armi letali del peso di un decreto Zan, di un *forzacannabis* o dell'esiziale *ius sòla*, si aggiunge un dono di compleanno interamente pagato da ignari ed altrui papà. Istituendo in tal modo la democraticissima figura del figlio di papà ignoto: ritratto ideale del piddino prossimo venturo nel terzo millennio.

Che dire?

Mentre con una mano tentiamo di fermare il moto rotatorio uniforme dei grandi Padri nei loro sepolcri, da Marx a Berlinguer senza scordar Togliatti, con l'altra consultiamo i dati ISTAT.

Per scoprire come un partito che ambirebbe a diventare «di massa», per giunta «democratico», deliberatamente ignori le pressanti richieste della maggioranza per dedicarsi invece a piluccare voti lisciando il pelo alle minoranze: ai poveri (9,4%), ai cannibali (20%), ai minorenni stranieri privi di cittadinanza (1,7%), ai diciottenni (0,7%).

Le minoranze non mancheranno di apprezzare.

Li voteranno sicuramente. E ne faranno un grande, grandissimo, partito di minoranza.

2 Agosto 2022

20. Il catenaccio

Brutte notizie, per chi aveva scommesso sui titoli azionari di Calenda, illudendosi che almeno una parte politica, ancorché piccola, avesse infine preferito battersi con coraggio ed onore per affermare le proprie idee, anziché chiudersi in trincea con nemici e falsi amici in un catenaccio tanto vile quanto inefficace. Barattando a poco prezzo l'ideale laico e liberaldemocratico sbandierato sinora col facile NO di chi ha come unico ed incerto programma quello di «fermare la Meloni».

Fermarla a parole, si intende. Perché nell'impossibilità di una vera scelta, molti dei voti finiranno col riversarsi su chi ha quantomeno un programma di governo da proporre, per deleterio che sia.

Il quadro che si prospetta, da qui a pochi giorni, vedrà dunque contrapposte la coalizione degli arroganti salvosilviomeloniani e quella degli impauriti conigli trincerati, che nulla hanno da offrire se non le quattro bandierine coriandolo del *forzacannabis*, delle cittadinanze omaggio, dei soldi ai ragazzini e del sesso arcobaleno: tirelastici contro testate nucleari.

A margine dei due incontendenti, due diverse arroganze di ben poche speranze: lo scacciavoti Renzi e i sopravvissuti antropofagi a cinque stelle, intenti a divorarsi tra loro sotto l'occhio vitreo e non vigile di un Conte cancellato persino dal simbolo.

Se lo spettacolo è questo, nessuno si lamenti se al botteghino del 25 Settembre molti saranno i biglietti invenduti. Solo chi avrà da guadagnare qualcosa, in termini di denaro o di favori, si trascinerà dalle comodità del letto di casa all'inutilità di una finta scheda con finte liste dove nulla all'elettore è dato scegliere: né il partito, né il candidato preferito.

La prossima legislatura avrà un buon 100% di possibilità di rivelarsi peggiore della precedente. E il colpevole sarà ancora una volta il Rosatellum. Nato non per partenogenesi, ma figlio legittimo del piddì e della lega, e di quanti l'hanno a suo tempo (2017) voluto e votato: piddì, forzitalia, lega, AP, ALA e altre frattaglie.

Chi di Calenda custodiva speranzoso qualche Azione, si metta l'animo in pace. Il segno non è più quello del Toro, ma dell'Orso.

E lecchiamoci i baffi se sarà un orso di razza nostrana. E non russo.

21. Dissonanze

E mo' tocca a Frate Gianni e a Porelli tentarsi la carta Conte. No, non quella dell'inciucio tra cinque stelle e due meteore: quella della lista della spesa accompagnata da minacce che ha portato alla caduta del governo. Pronta stavolta a sbattere contro il muso di Letta, anziché su quello di Draghi. Che dei due questuanti, in quanto a sbattere, se ne sbatte per davvero.

— Sarà un documento congiunto di Sinistra Italiana e Verdi in cui verranno messi nero su bianco alcuni punti *imprescindibili* di programma — incalzano i due predicatori scalzi. Accompagnando la perentorietà dei toni con moti facciali che vorrebbero suscitar terrore, ma inducono piuttosto a un compassionevole sorriso.

Uno spreco di inchiostro e tanta carta rubata alle foreste, dal momento che i nove punti imprescindibili, categorici, irrevocabili e imperativi – destinati a diventare forse quattordici – possono facilmente esser riassunti in una sola consonante e in una sola vocale: «NO». Un NO a tutto e a tutti, a 360°, ma in particolare a tutte le parole d'ordine del catenaccio piddino: dall'«agenda Draghi» al nucleare, dal PNRR alla collocazione atlantica.

Solo gli impreparati ragionieri del piddì possono prestare orecchio ai ragli e ai latrati dei due autostoppisti della politica, neppure così sicuri del voto dei parenti più stretti. Temono fermamente che in mancanza di quel 0,01% che è ottimisticamente possibile estrarre dalle poco consunte tasche dei due vagabondi, la difesa a oltranza dell'ultimo partito borghese sarebbe inevitabilmente compromessa.

Queste son le nostre non segrete speranze: 1) che pur di mostrarsi caritatevole verso i due mendicanti, Letta rompa definitivamente con Calenda e che quest'ultimo, riacquistato il venduto coraggio, si decida una volta per tutte a combattere, anziché imboscarsi nelle malassortite e maleodoranti trincee piddine; 2) che Letta, preso in prestito da Grillo l'inesaribile fucile caricato a vaffa (o – se necessario – noleggiato a suon di sghei, in omaggio al sangue genovese) lo rivolga immantinente contro i due sordidi compari, costringendoli alla fuga.

Evitando di spacciare per armoniosa melodia la stridula dissonanza di un'orchestra che pretende di mettere insieme no-rigassificatori e sì-rigassificatori, atlantisti e putiniani, orfani di Conte e giustizieri di Conte, caporali e uomini.

6 Agosto 2022

22. Tutti a bordo?

Cari umani e meno umani, il vostro mondo è tondo. Ma proprio in virtù di tale perfetta geometria, più ci si sposta a sinistra, più ci si ritrova a destra. E viceversa.

Per questo ci fanno sorridere le smanie di quei menpensanti che, mentre impropriamente amano etichettarsi *de sinistra*, inseguono invece gli opposti ideali del più becero pauperismo medievalista, ripetendo errori che persino noi, qui tra le nuvole, oggi consideriamo tali.

Bisogna infatti tornare ai tempi del poverello di Assisi per ritrovare la convinzione che solo facendosi del male si poteva far del bene: fustigandosi in processione, indossando il cilicio, schiaffeggiandosi da sé, digiunando e isolandosi dal mondo, sottoponendosi alle più atroci penitenze, nel tronfio e tracotante tentativo di imitare in sedicesimo il doloroso percorso di redenzione del Cristo.

Otto secoli dopo, i soli che ancora perseverano nel predicare che «povero è bello» sono il candido eremita Frate Gianni e il disperato consumatore di erbe (legali) Porelli.

Ci avevano in verità provato anche i vaffantuttisti a cinque astri, con la loro «decrescita felice». Ma dopo l'epocale scoperta che «povero è bello, ma ricco è meglio» molti son frettolosamente tornati sui loro passi, in special modo coloro che sul malloppo ci han messo per davvero le mani.

Non così Frate Gianni e il suo compagno di digiuni, che in pieno Terzo Millennio ancora insistono nel predicare i vantaggi delle privazioni rispetto alle miserie dell'abbondanza.

Nulla di cui meravigliarsi, se si considera che esiste al mondo ben di peggio: dalle sette suicide a chi rifiuta ogni cura, da chi si ciba solo di foglie e radici a chi è convinto che la Terra è piatta, in un afflato di autodistruzione che nessun essere pensante si sogna di compiangere.

Quel che davvero stupisce, piuttosto, è l'inspiegabile pretesa di qualificare tanto amore per la miseria come «di sinistra». O, ancor peggio: «progressista».

Intendendo evidentemente per «progresso» qualsiasi azione volta al contrario ad impedirlo: che si tratti di lasciar l'immondizia là dove sta, così che possano cibarsene oggi i cinghiali e domani i lupi; o impedire la costruzione di strade, porti, aeroporti, ponti e ferrovie; o bloccare la produzione e l'afflusso dell'energia via terra o via mare, nell'infantile illusione che l'industria moderna possa alimentarsi con quei mulini a vento che mai son stati in grado di far marciare una vetreria o una fonderia.

Intendendo per «sinistra» non un ideale di riscatto strettamente connesso alla nascita di quell'età industriale che ha determinato l'inurbamento di enormi masse analfabete in fuga dalle campagne, impiegate in fabbrica con lavori ripetitivi e salari sempre più bassi, imposti dalla nascente concorrenza, ma la povertà in se stessa. Un'equazione *povertà=sinistra* che avrebbe fatto inorridire Marx come Engels, Lenin come Stalin, Gramsci come Togliatti, che auspicavano piuttosto l'esatto contrario: l'uscita delle masse operaie, rappresentanti di una nuova classe sociale (il proletariato), dalla povertà e dall'ignoranza. Che non chiedeva cibi vegani, vita all'aria aperta o salutari digiuni, di cui già godeva da sempre, ma alloggi salubri e riscaldati, istruzione gratuita, lavoro qualificato, cure mediche e dignità sociale. Esattamente quel che Frate Gianni e i suoi sodali oggi fermamente combattono, nell'assoluta convinzione che la formula *povertà=sinistra* abbia per corollario: se cresce la povertà, cresce di conseguenza la «sinistra».

Fortunata l'Italia del '43, che ha potuto impegnarsi in una guerra di liberazione prima che Frate Gianni nascesse. Ci fosse stato lui, i partigiani li avrebbe distolti da tanto disdicevole bellicismo, invitandoli a posare le armi e a dialogare con i gerarchi nazisti, alla ricerca di una via di pace. E avrebbe spiegato agli Italiani affamati i vantaggi spirituali del digiuno, e quanto mangiar pane, carne e salumi danneggiasse l'organismo. O come vivere al buio e al freddo potesse distogliere il pensiero dalla fame. E infine meravigliarsi se quegli stessi Italiani, cacciata fuori dai cassetti la camicia nera e indossatala senza neppure stirarla, fossero sul punto di mettersi nuovamente in marcia su Roma.

Comprendiamo la disperazione del piddì, ultimo partito borghese che, armato solo di *forzacannabis* e *ius sòla*, gira per le taverne del porto pronto ad arruolare chiunque sul proprio vascello.

Ma c'è un limite a tutto: vale la pena di imbarcare tra la ciurma chi già manifesta odio per gli ufficiali, pretende di imporre una propria rotta e minaccia l'ammutinamento prima ancora di metter piede a bordo?

7 Agosto 2022

23. Fuori dalla trincea

Dove altro avrebbe potuto annunciarla, se non dall'Annunziata, la mossa che tutti gli uomini di buona volontà si aspettavano?

Alle 14:45 di questo pomeriggio, ospite a «Mezz'ora in più», Carlo Calenda ha scaricato su Letta un intero fucile caricato a vaffa, prendendo le distanze da un patto che non prevedeva inizialmente la presenza in lista di nemici dichiarati del Paese e del mondo come Frate Gianni e Porelli, per non parlar delle «frattaglie» già in coda alla ricerca di uno strapuntino purchessia.

Malmenato dagli iscritti, col capo coperto di cenere, sommerso da un mare di tessere stracciate, preso per il naso (a voler essere gentili) dal cerimonioso Letta, abbandonato da piùEuropa (= menoCalenda), il centrocampista ha sbattuto la porta e si è liberato dalle catene di chi lo avrebbe voluto veder marcire in trincea impegnato a resistere, anziché sul campo a combattere.

Che quella di Calenda sia stata la mossa giusta, lo dimostra la reazione scomposta di Enrico Letta e dei suoi fedelissimi.

Alle parole di un Calenda che in tono sereno espone educatamente il suo proposito («Non intendo andare avanti con questa alleanza»), Enrico Letta perde le staffe fino ad additare come populista (in lingua italiana: demagogo) il buon Calenda, rinfacciandogli di non aver onorato quel patto che lo stesso Letta ha invece infranto, invitando al tavolo della coalizione due impresentabili nemici del popolo.

Seguono a ruota i palafrenieri in calce e pennello: Marco Meloni («Calenda vuol consegnare l'Italia alle destre alleate di Putin e Orban». Due volte falso: nessuno vuol consegnare l'Italia alle destre, peraltro non tutte putiniane e orbaniane); Lia Quartapelle («Calenda calpesta il vero lascito dell'esperienza Draghi: cioè unire posizioni diverse per ricostruire l'Italia». Falso, unire posizioni diverse è altra cosa dall'arruolare forze politiche avverse al solo scopo di limitare i danni); Piero Fassino («Da Calenda una decisione irragionevole e foriera solo di esiti negativi». Falso: è una decisione che nasce come sola possibile risposta a una mossa non concordata del piddì); Alessandro Zan («Non mi sarei aspettato una tale mancanza di serietà da parte di Calenda. Rompendo l'alleanza dà una grande mano alla destra che guarda a Putin e Orban. Il Pd sarà comunque più forte di questi egoismi e di questa cialtroneria». Falso e maleducato); Simona Malpezzi («Carlo Calenda ha rinnegato la parola data: le prossime elezioni saranno una scelta di campo tra un'Italia tra i grandi Paesi europei e un'Italia alleata con Orban e Putin». Due volte falso: la parola l'ha rinnegata Letta e con Putin ci sta una buona metà del piddì, oltre a certi alleati); Debora Serracchiani («Calenda ha cambiato idea. Noi consideriamo il suo ripensamento incomprensibile e sconsiderato». Falso: il ripensamento è stato considerato anche troppo a lungo, seppur vi sia chi ancora non è in grado di comprenderlo).

Altre dichiarazioni pioveranno nei prossimi minuti e nelle prossime ore. La specialità del piddì (questa sì di stampo putiniano) è quella di tentar di umiliare gli avversari sommergendoli di falsità ed attacchi propagandistici.

L'invito di Calenda ai suoi è quello di non cadere nel tranello («Chiederei per cortesia a tutti i sostenitori di Azione di non rispondere agli attacchi. Adesso c'è solo lavoro da fare. Non ho alcuna acredine nei confronti del Pd. Solo il dispiacere per un'occasione mancata. Forza e onore»).

Incomincia la corsa. In campo aperto, lontano dal puzzo delle trincee.

11 Agosto 2022

24. Nude verità

Che Agosto sia un mese poco propizio per le campagne, minacciate da incendi, siccità e colpi di sole, è un fatto che ben s'attaglia anche alle campagne elettorali, non soltanto a quelle coltivate.

Pare infatti che il caldo e il dolce far niente, insieme col maggior senso di libertà e a un aumentato desiderio d'apparire e di spendere, finisca in qualche modo con l'annacquare quel carburante di cui ogni competizione elettorale si alimenta: un mix di false promesse, nemici immaginari e paure amplificate.

— Votami! Ti raddoppierò la pensione e ti dimezzerò le tasse!

— Votami, o vincerà l'uomo nero! — (e pazienza se stavolta è una donna).

— Votami, o in pochi giorni questo Paese andrà incontro al disastro, e tu con esso!

Questi sono gli ami distesi ad ogni tornata elettorale nella speranza che i più abbocchino.

Ma quando ciò accade nel mezzo dell'estate, mentre un'abbondante metà della popolazione viaggia per lo stivale ed osserva coi propri occhi l'autentica realtà che lo circonda, chiunque può immediatamente verificare di persona quanto menzognere possano essere le allarmate dichiarazioni di tanti venditori di politica.

Vista da quassù, poi, una campagna elettorale in Agosto è cosa tutta da ridere. Mentre un interminabile serpente d'auto procede a passo d'uomo lungo le autostrade dirette verso il mare, la radio accesa narra di un Paese che non arriva a fine mese, di un popolo che non sa come pagare le bollette o mettere insieme il pranzo con la cena, di imprese costrette a chiudere con milioni di dipendenti sul marciapiede.

Roba che a raccontarla tra i ghiacci di Gennaio, a tredicesima ormai deglutita, magari qualcuno se la berrebbe. Ma se stai dentro un'auto da 80.000 euro in coda ad un'altra da 150.000, anziché stipato in otto sulla vecchia Seicento con sul tetto la damigiana del vino e le valigie di cartone, difficilmente qualcuno proverà dentro di sé tanta immotivata paura del futuro: di quel sicuro inferno da cui nessuno, se non il tuonitonante portaborse Tizio, avrà le capacità, la generosità e la forza necessarie per salvarlo. Se eletto.

Quando poi ti ritrovi in fila, stavolta in piedi, alla cassa dell'autogrill, là dove un Paese di morti di fame tenta evidentemente di trasformarsi in morti di qualcos'altro, che per sovrappiù rifiuta il resto e lascia la monetina accanto al caffè, sorge in troppi il dubbio che ad aver in qualche modo esagerato sia stata forse la radio, piuttosto che la concreta realtà che li circonda.

Se suscitar false paure è così difficile, figuriamoci quanto possa politicamente rendere l'additare al popolo un falso nemico. In vacanza ci si va con gli amici, col dichiarato fine di lasciarsi alle spalle i nemici, siano essi il crudele capufficio o il vicino rumoroso, l'ex moglie avida di alimenti o la noia di una vita ripetitiva. Come convincere, dunque, chi ha appena dimostrato di sapersi liberare dai propri nemici, che altri nemici a lui sconosciuti ma assai potenti lo minacciano da vicino, e che solo l'onnisciente mazzettaro Caio avrà le capacità, la generosità e la forza necessarie per salvarlo?

Potrebbero forse trovar maggior ascolto le facili false promesse di una vita migliore. Ma come credere che un taglio di trenta centesimi delle tasse sui carburanti o una riduzione di quattordici euro del cuneo fiscale possano cambiare la vita, quando si è in vacanza là dove tutto è più caro e una pizza costa cinque volte di più che in città? E si constata che, tutto sommato, almeno una volta all'anno non è così impossibile permetterselo? Per di più senza dover ringraziare quell'aspirante scaldasedie Sempronio che promette di ristorare con banconote da dieci le tue spese da mille?

Agosto spunta ulteriormente le armi ormai consunte dei trafficanti di schede.

«Tutti possono vedere, ma pochi vanno a toccare con la propria mano», osservava Machiavelli (*Principe*, XVIII) sin dal Cinquecento. Il popolo *vede* (la televisione, i giornali) per undici mesi l'anno, ma ad

Agosto *tocca* con mano e valuta quanto la realtà che i media raccontano coincida o meno con quella che si ritrova intorno. E così, quelle menzogne forse in altri mesi dubbie, Agosto le certifica invece come menzogne autentiche. E qual campagna elettorale potrebbe mai aver successo, costretta a depurarsi da tante piccole e grandi menzogne?

Questa è la gran novità che ci divertirà da qui a Settembre: assisteremo alla recita di una politica finalmente nuda, interpretata da attori anch'essi completamente nudi, senza foglie di fico o cespugli di menzogne dietro i quali nascondersi.

Nuda. Come la temperatura di stagione comanda.

25. Impressioni di Settembre

L'atmosfera è la medesima che si suppone aleggiasse nei sotterranei dell'Anfiteatro Flavio, nel primo secolo dopo Cristo. La plebe mangiava e rumoreggiava sugli spalti. Nel buio delle gallerie, i gladiatori affilavano le armi e si preparavano a combattere. La posta in gioco era la vita. Non si poteva non vincere.

Con questo stesso atteggiamento, distante dallo spirito della nostra Costituzione quanto può esserlo un cittadino italiano da un suddito romano, le coalizioni imposte dall'Imperatore Rosatellum si apprestano ad azzannarsi nell'italica arena. In una competizione elettorale che poi tanto elettorale non è, dal momento che chi tenterà di esprimere il proprio voto non potrà manifestare alcuna preferenza né per un candidato, né per un partito, ma solo per un estemporaneo quanto fragile accordo tra formazioni politiche di idee spesso diametralmente opposte.

Che senso ha allora, se la regola è questa, parlare di «vittoria»? Che significa «vincere», in un siffatto contesto?

Ai tempi dell'Impero, vincere nell'arena significava sconfiggere ed uccidere l'avversario, conservare la vita e conquistare meritata fama. Ed erano la forza e l'abilità del gladiatore a decidere chi avrebbe infine avuto la meglio sul campo.

In una competizione elettorale che ha (dovrebbe avere) come solo ed unico scopo quello di scegliere (*eligĕre*) i seicento Italiani più degni di rappresentare il popolo nelle due camere del Parlamento, invece, una «vittoria» è sempre sicura e certa: poiché i seicento scranni saranno comunque occupati e il popolo italiano comunque rappresentato. A differenza dei gladiatori nell'arena, inoltre, non saranno né la forza né l'abilità di una delle coalizioni in lotta a determinarla, ma la maggiore o minore approvazione che esse riceveranno dall'eterogenea folla assiepata sugli spalti.

Sempre che una folla ci sia. Cosa alquanto dubbia, considerate la bella stagione e la pochezza dello spettacolo.

Sarà dunque la quantità degli applausi, piuttosto che la forza delle armi, a decidere chi tra i contendenti potrà salvare la pelle e chi è invece destinato a dissolversi nel nulla.

Le coalizioni in gara l'hanno capito benissimo. Per questo motivo, mentre roteano in cielo gladi e tridenti inutili e spuntati, tentano di accattivarsi gli spettatori promettendo loro doni, condoni, favori, privilegi e regalie. Ovviamente a spese degli spettatori medesimi: i soli, fra tutti coloro che riempiono l'arena, tenuti a pagare un biglietto.

Così, alla vigilia dello scontro, lo schieramento brancaleonpiddino si appresta a dar fuoco alle polveri bagnate del decreto Zan, dello *ius sòla*, dei diecimila euro ai diciottenni, della canna bis e tris per tutti. Non udendo alcun applauso al di fuori del partito (e neppure tutto) carica a palle incatenate il cannone promettendo una mensilità aggiuntiva per tutti ed un misero aumento di stipendio agli insegnanti (entro dieci anni). Lisciando il pelo ad un ceto professionale ritenuto, chissà perché, particolarmente devoto, sollecitando una croce sulla scheda da parte dei diciottenni alle prime urne, o il voto riconoscente di quegli stranieri a cui una facile cittadinanza consentirà di esprimerlo, o il fumoso grazie di quel 20% di giovanili braccia restituite all'agricoltura, purché rigorosamente cannabinoide.

Le orde barbaromeloniane si affidano invece alle malridotte bombarde del presidenzialismo e dei blocchi navali: due catorci che han dato in passato pessima prova di sé. Il primo più volte cavalcato ora dai berlusconici, poi dai dalemalcolici, quindi dai lawrenzi d'Arabia, e regolarmente stroncato sia in sede parlamentare che referendaria. Il secondo, ai fini della regolamentazione degli ingressi, assai meno efficace di quella Convenzione di Schengen che l'Italia non vuole o non è in grado di applicare, ma capace di evocare il suon di sciabole di antiche religiose battaglie che meglio si confanno al clamore di una campagna elettorale sguaiata e strillata. Mentre la caccia all'applauso è affidata alle moltiplicate promesse di condoni fiscali e alla difesa dei privilegi balneari, tassinari e matto-nari, con l'aggiunta dalle consuete dentiere per tutti (fossero state mantenute le precedenti promesse, nes-sun Italiano avrebbe oggi meno di 128 denti in boc-ca) e milioni a vagonate. Distribuiti a pioggia, ma con gocce un po' più grandi destinate alla platea elettora-le dei salvosilviomeloniani.

Con simili armi da carro carnascialesco e siffat-te promesse da guaritori ambulanti, nessuno dei due contendenti può realisticamente pretendere di riusci-re ad annientare l'avversario. Rischiano piuttosto del farsi del male a vicenda.

Mentre le due star dell'arena fan la mossa d'azzuf-farsi, quel Conte che non sa far di conto e quel Cen-tro che nulla centra tentano di accalappiare per via piacionista quella fetta di pubblico che, infastidito dall'invereconda sceneggiata, dispensa ai combattenti più insulti che applausi. Quando addirittura non ab-bandona deluso e indispettito gli spalti.

Il feudatario grillista, passato in pochi anni dal dal 32,68% a meno del 19%, così come l'emiro saudita crol-lato dal 40,8% al 2%, han capito che per far crescere il pubblico occorre migliorare lo spettacolo. Nella spe-ranza di riportare alle urne qualcosina in più di quel 73% che vi si recò nel 2018, ma che le inedite calure estive e l'infimo livello dei contendenti minacciano di smagrire fino a un pericoloso 40%.

Mentre il feudatario lancia l'amo nella pozza agi-tata dalla melma grillina, ancora indecisa tra il dop-pio petto e il gilet giallo, il mancato sindaco di Ro-ma strizza l'occhio a quella che un tempo si usava definire «maggioranza silenziosa», bramosa di pacifica serenità e proficua continuità sotto il segno del buongoverno.

Sarà necessario attendere la presentazione delle liste – che già vedono accalcarsi un consistente numero di mogli, con minaccia di amici e cognati – prima di poter azzardare pronostici su una maggiore o minore affluenza rispetto alla consultazione del 2018.

È bene tuttavia ricordare che in quell'occasione il risultato più sorprendente lo portarono a casa due formazioni appena nate (o rinate), come lo furono allora i cinquegrilli da un lato e una lega debossizzata e sprovincializzata dall'altro. Due forze dimostratesi capaci di intercettare e portare alle urne gruppi sociali e fasce d'età non direttamente interessati al voto, ma evidentemente mossi da una qualche forma di spinta ideale. Per giusta o sbagliata che poi rivelata si sia.

Così, il dubbio è che la vera sorpresa di Settembre possa arrivare non da quel pubblico che poco numeroso sonnecchia annoiato nell'arena, ma da chi è rimasto fuori: da una nuova *audience* più sensibile alla qualità delle proposte che non alle facili promesse. Dalle capacità del feudatario di imprimere una nuova appetibile identità (la prima?) agli scompaginati resti dei cinque meno meno stelle e dall'abilità del gatto e la volpe nel motivare ed attrarre nuove fasce di elettorato deluso e pronto meglio ad imprigionarsi in casa, pur di non ritrovarsi con una matita in mano ed una scheda elettorale sul muso. Persone che tuttavia non esiterebbero a mettersi in fila per votare, se ciò fosse realmente loro concesso. E per far ciò la prima più seria e più importante promessa delle forze in campo, seppur col difetto di non comportare alcun maggior costo per lo Stato, dovrebbe esser quella di dare al Paese una vera legge elettorale. E, come ciliegina, quella di inserirla in Costituzione, così che nessuno possa manometterla in quei mesi, o settimane, che precedono il voto.

Qui in Paradiso ci è proibito scommettere, e neppure sapremmo cosa mettere in palio. Ma, se potessimo, ci giocheremmo le ali che sarà più facile udir la biascicata voce chi vi offre altre dentiere da metter magari sotto le ascelle, o il tono compunto di chi vi fa dono di ventimila euro per il compleanno e dieci per l'onomastico, che non la promessa di ripristinare ed assicurare nel vostro sventurato Paese la libertà di voto. Se non per questa, quanto meno per le prossime consultazioni elettorali.

Ove mai si tenessero.

17 Agosto 2022

26. Occhiali di tigre

La sparata di oggi porta la firma di Giuseppe Provenzano, vice-letta del «polo di centrosinistra», come i piddifratomaiobonini amano definirsi, in mancanza di altra possibile identità.

— Queste elezioni non prevedono pareggio: o noi o la destra. Non c'è spazio per terzi o quarti poli — ha declamato con toni più ricattatori che accattivanti il parasegretario.

Tradotto: sappiamo che molti tra voi si taglierebbero entrambe le mani, piuttosto che votare per noi, ma non avete scelta: se non ci darete il vostro voto arriverà («vincerà») la destra. Anche perché non c'è al mondo altro polo al di fuori del nostro e del loro.

Intendendo impropriamente per «destra» non quei Cavour, D'Azeglio, Crispi o Giolitti che l'Italia l'han fatta, ma quell'opposta accozzaglia di faccendieri e sfaccendati che ha in odio tutto quel che è legge e regola: dal vaccino alla contribuzione fiscale, dal rispetto per la pubblica e privata proprietà al decoro urbano, dalla giacca e cravatta alla lingua italiana, dalla repubblica parlamentare all'Unione Europea, dal codice della strada agli esami scolastici, dalla pacatezza nel discutere all'igiene personale.

Provenzano non può rendersene conto, non avendo mai frequentato uno Spadolini o un Montanelli. È pertanto in presumibile buona fede che fa dono ai salvosilviomeloniani del più grande tra i regali: ne nobilita la volgarità, l'insipienza e la sguaiataggine, conferendo alla malassortita compagine la nobile quanto immeritata etichetta di «destra». Col conseguente frullo di più d'una salma in chissà quanti illustri sepolcri, defraudata per un istante dell'eterno quanto meritato riposo.

Se son questi gli argomenti con i quali il polo dei poli (una sola «L») intenderebbe prevalere (vota me se no arrivano loro) non si comprende in che cosa essi differiscano dal *vintage* berlusconiano «vota me se no arrivano i comunisti, che si mangiano i bambini»: edulcorazione di più antiche democristiane minacce, che concludevano con un tuonante «e andrai anche all'inferno».

Quanto alla pretesa invisibilità del terzo e del quarto polo, neppure San Tommaso rifiuterebbe di ammetterne la reale esistenza. Visto che è possibile toccarli con mano.

I calendosauditi han mostrato di possedere una visione politica più laica e atlantica di altri schieramenti. Nonché, come ogni polo che si rispetti, una capacità magnetica in grado d'attrarre più d'un berlusconiano/a in fuga. Sul piano strategico, poi, l'idea di occultare sotto il tappeto lo scacciavoti di Rignano e puntare sulla conversione dei non-votanti, piuttosto che andare in caccia di voti altrui, potrebbe riservare qualche sorpresa.

Il feudatario di Hamelin, scrollatosi di dosso l'ortottero e reso innocuo il Di Batosta, soffia adesso con forza mai vista nel magico piffero, per giunta amplificato dalla stampa amica. Il crollo astrale è stato talmente imponente, dal 2018 a oggi, che sarà sufficiente al vostro un minimo contenimento dell'annunciata catastrofe perché egli possa cantar vittoria e aprire le porte del Parlamento (già «scatoletta di tonno») a un pur smagrito plotone di navigatori astrali. Al quale non difetteranno peraltro gli sguardi desiderosi e ammiccanti dei tanti orfani piddini del mai nato campo largo, mutatosi ben presto in un litigioso Letta a quattro o cinque piazze.

Uno spazio per il terzo e quarto polo dunque c'è. Chi non riesce a vederlo, è solo perché ancora non esistono occhiali per occhi di tigre.

Si tratta certo di piccole formazioni, che non possono realisticamente ambire a inimmaginabili maggioranze assolute, ma è proprio la loro leggerezza a renderli più agili e svelti: è quando la strada si intorce e s'inerpica che la motocicletta può aver la meglio su mezzi più potenti, ma grossi e ingombranti. Le due ruote, oltre ciò, non possono aver a bordo più di un passeggero, oltre al guidatore. Anziché turbe vocianti di aspiranti assi del volante. E la visibilità della strada è decisamente migliore.

A differenza dello sferragliante convoglio piddino, che ha come unico programma quello di impedire – o quantomeno rallentare – l'avanzata della diretta avversaria, il motociclo calendosaudita si propone di dare continuità al metodo Draghi che, come Costituzione impone (imporrebbe), traccia una linea invalicabile tra istituzioni e politica. Le prime (Parlamento, Governo, Magistratura) dedite all'esercizio del potere e al reciproco controllo; la seconda (partiti, associazioni, sindacati, movimenti, stampa, opinione pubblica) privata di ogni usurpato potere ed impegnata a elaborare idee e proposte sulle quali misurarsi e confrontarsi sia fra di esse che col potere costituito.

Anche il veicolo feudale ha un suo programma, costruito a immagine e somiglianza del web, il mondo virtuale dove tutto è gratis: dai film alla musica, dai giornali al telefono, dalla libreria al pornoshow. Un mondo dove niente si paga e tutto spetta a tutti di diritto, per solo fatto di esistere (o credere di esistere): un mondo abitato di persone tacitamente autorizzate a far ciò che vogliono, che si mantengono in vita non lavorando, ma «cittadinando». Persone derubate del loro futuro e dunque destinate ad accumulare odio, insoddisfazione e rancore: il solo carburante di ogni forza politica che ambisca a conquistare le masse.

Due progetti politici assai differenti, quelli del mancato inquilino del Campidoglio e del Conte in cerca di contea. Ma pur sempre progetti. E in quanto tali sicuramente più attraenti, nella loro infantile ingenuità, della trincea senza speranza («s» minuscola) del partito del meno peggio: del «votate noi, se no vincono loro».

20 Agosto 2022

27. Tu chiamale, se vuoi, elezioni

L'indegna caciara che ha accompagnato in questi ultimi giorni la stesura delle liste elettorali (da presentarsi entro dopodomani 22 Agosto) è un'ulteriore incontrovertibile conferma che quel che si è andato redigendo nelle segreterie dei partiti non era in realtà un'autentica lista di candidature, ma un elenco di vere e proprie nomine dall'alto.

Magie del Rosatellum applicato ad un Parlamento in piena prova costume, dimagrito in un sol colpo di un terzo del suo peso.

Nelle consultazioni amministrative (Comuni, Regioni), le sole in Italia dove il diritto di voto è ancora (per adesso) garantito, la formazione delle liste non costituisce mai un problema: se trenta persone intendono gareggiare tra loro mentre sfidano gli avversari, son le benvenute. Se son cinquanta, ancora meglio. Davanti a una simile bistecca, l'elettore saprà ben distinguere la polpa dall'osso: gustarsi la prima e gettare nell'umido il secondo.

Col Rosatellum invece no. Le liste non soltanto son bloccate, così da non consentire alcuna possibilità di scelta al votante, ma sono anche liste corte: da 2 a 4 nominativi, non di più. Non un ristorante con un ricco menu da cui scegliere, ma una mensa a menu fisso e neppure così sicuro: dal momento che quei pochi piatti se li contendono gli avventori di sei tavoli diversi e non è detto che vengano realmente serviti a chi per primo li ha ordinati. Perché il Rosatellum consente al prescelto dal partito di candidarsi in ben sei differenti liste: una maggioritaria e cinque plurinominali.

Se il solo stare in lista significa dunque aver già più d'un piede in Parlamento, facile arguire il perché di tante battaglie scatenatesi all'interno delle coalizioni, con largo spargimento di sangue (virtuale) e fuoco incrociato di insulti e improperi.

Presentati i brevissimi elenchi, i giochi son fatti. I nomi indicati avranno (o riavranno) al 90% il loro scranno e gli altri si consoleranno della perduta poltrona con qualche improvvisato ma più redditizio e meno impegnativo sgabello.

Nelle due settimane prima del voto, infine, le ultime bordate fatte di scandali, denunce e provvidenziali arresti rimescoleranno un po' la zuppa, come usa nell'italico stivale. Con qualche mal di pancia, i partiti riusciranno comunque a digerirla.

— Che c'entra con tutto ciò l'elettore? — finirà col domandarsi qualche anima candida.

Nulla.

Non solo l'elettore non potrà scegliere una sola lettera del nome tra i pochi proposti, ma neppure potrà esprimere una personale simpatia per un partito. Tutto quel che gli sarà consentito è il poter mostrare una maggiore o minore predilezione per una delle quattro coalizioni di partiti e/o movimenti, per giunta assai male assortite.

Compito dell'elettore, in tre parole, sarà quello di reggere il moccolo. Mentre i partiti, indisturbati, fanno le loro cose e le mogli, i cognati, gli amici, i clienti e i parenti si accomodano là dove meglio preferiscono.

Eppure la lingua latina non è mai stata così chiara: il significato della parola «*eligĕre*» è uno ed uno soltanto: scegliere.

«Eleggere domicilio» in una qualche città significa scegliere liberamente dove andare a vivere. *Le affinità elettive* non sono soltanto un celebre romanzo di Johann Wolfgang Goethe, ma quelle vicinanze ideali che spingono due o più persone reciprocamente a scegliersi.

Ma cosa potrà mai scegliere, il 25 Settembre, l'elettore chiamato a far da tappezzeria ai partiti che incuranti danzano e si divertono tra di loro? Non finirà col sentirsi di troppo? Non si sentirà un po' estraneo?

È di questi giorni la vibratissima protesta di scrutatori e presidenti di seggio in odor di schiavitù, chiamati a lavorare — immaginate un po' — per tutta la notte!

Per come la vediamo da quassù, diremmo che quelle anime delicate possono certamente tranquillizzarsi. Se l'afflusso alle urne sarà quello che un po' tutti prevedono, mezz'ora dopo la chiusura del seggio lo scrutinio sarà bello che terminato.

Qualche mese dopo, con altissime probabilità, anche la legislatura.

25 Agosto 2022

28. Votare. Perché?

«Andate a votare!», è stata l'implorazione che Draghi ha rivolto ieri al giovane pubblico cattolico di Rimini, riunito per l'annuale meeting di Comunione e Liberazione.

Civilissima esortazione, alla quale verrebbe tuttavia da rispondere: «Sarebbe bello. Potendolo!».

Sarebbe bello poter esprimere una propria scelta, indicare il nome di un candidato, esprimere apprezzamento per un partito. Se il Rosatellum consentisse di farlo. Ma non lo consente. Non sono in gara né dei nomi e dei cognomi, già prescelti, né tantomeno dei partiti, annacquati dentro forzate coalizioni.

Nessuno meglio di Draghi è in grado di comprenderlo, e tuttavia la sua raccomandazione ha comunque un senso.

Prima ancora di domandarsi per chi votare, è giusto domandarsi perché votare. Se è vero che recarsi alle urne non serve ad esercitare un libero voto – che libero più non è – piegarsi al rito serve comunque a rimarcare la necessità che nel Paese delle urne aperte ci siano, seppur addomesticate, e che se i partiti mostrano d'avere una paura folle del confronto elettorale, i pur defraudati elettori quel timore non ce l'hanno affatto, e andranno in ogni caso alle urne. Foss'anche per annullare una scheda che nulla già lo è, dal momento che nulla è in grado di mutare nelle scelte già fatte da altri. Altrove.

Un'astensione superiore al 40%, come molti osservatori prospettano, non sarebbe una sconfitta dei partiti ma, al contrario, la consacrazione di un potere che la Costituzione non riconosce loro e di cui tuttavia si appropriano – usurpandolo – attraverso la sistematica occupazione delle istituzioni. A partire dal Parlamento: unica istituzione ad elezione diretta prevista dallo Statuto.

Certo, un modo ci sarebbe, per far schizzare la percentuale dei votanti su valori assai prossimi al 100%: quello di consentire agli elettori la possibilità di esprimere un voto negativo. Sarebbe la festa degli *haters*, dell'infinito partito del NO, dei commentatori al veleno, degli infelici perpetui e degli scontenti a prescindere. Si rivedrebbero le file ai seggi e le facce soddisfatte all'uscita dalle cabine: non solo la possibilità di regalare un voto alla coalizione amica, ma anche – in alternativa – il piacere di toglierlo alla coalizione nemica! In una sorta di ostracismo preventivo, non poi così differente da quella sorta di *daspo* politico in uso nell'antica democrazia ateniese.

Ma sarebbe un vincere facile.

Già adesso quelle coalizioni che non hanno niente di serio da proporre o da dire riassumono il loro inesistente programma nel «non far vincere il nemico». Il medesimo ragionamento dell'invidioso che, incapace di crescere ed arricchirsi, brama veder sminuito e immiserito il prossimo. Come quel filo d'erba fermamente convinto d'essere un albero, ma solo perché non ne aveva alcuno intorno con cui misurarsi.

Un'alta affluenza alle urne, il 25 Settembre, rischia di inorgoglire quegli stessi partiti che per mero interesse han privato l'elettore della libertà di voto. Ma una bassa o bassissima affluenza, lungi dal danneggiare i partiti (che vedrebbero comunque i propri nominati occupare il Parlamento, e da lì le altre istituzioni) potrebbe suggerir loro di cancellare quell'ultimo simulacro di voto che ancora rimane, trasformando l'Italia da repubblica parlamentare in repubblica popolare. Dove il popolo non si identifica col Parlamento ma, appunto, con i partiti.

Andare alle urne, stavolta, non sarà certo un piacere, ma resta comunque un dovere.

Dovere morale, s'intende. Per chi una morale ancora la possiede.

27 Agosto 2022

29. Lisci o gasati?

La più preoccupata è Giorgia Meloni, che alla fiamma nel simbolo non ha voluto rinunciare e che adesso, solo per tenerla accesa, rischia di spendere un botto.

Poi ci son quelli che i problemi li risolvono in un istante (coi soldi degli altri): la paghi lo Stato, la differenza tra il prezzo del gas nel 2021 e quello – moltiplicato per quindici – del 2022!

Non sono da meno i pusillanimi, sicuri che basti mutar bandiera e inchinarsi davanti a Putin, con la giusta angolazione e a brache calate, per godere di rifornimenti gratuiti vita natural durante. E pazienza se l'entità di quel «durante» sarà Putin stesso a deciderla.

Seguono gli illusi, fermamente convinti che sia sufficiente rimettere in uso i mulini a vento e sostituire le tegole con celle solari per far marciare a pieno regime fonderie, acciaierie, industrie e vetrerie. Con quantità di energia buone appena per ricaricare il telefonino o tener acceso il frigorifero. Sempre che tiri il vento e splenda il sole.

Non son da meno gli egoisti: quelli che il rigassificatore sì, ma quant'è brutto da vedere. E quanto sarebbe meglio ormeggiarlo davanti al porto di qualcun altro.

E che dire delle anime nobili che inorridiscono davanti all'aggettivo «nucleare»? Senza chiedersi quale altra fonte di energia al mondo potrebbe al momento sostituire, con pari potenza, il carbone o il gas? Pura ipocrisia, d'altronde, se si pensa che molte centrali nucleari francesi son costruite in Italia, che poi ne importa a caro prezzo l'energia prodotta. Come dire: ti vendo la mucca, che qui da noi sporca e puzza un po', e poi ti compro il latte. Roba da signori. Se fosse da signori l'indebitarsi a vita.

Sempre meglio degli allegri passatisti: quelli del «*Checcevò*? Riapriamo le miniere di carbone e al diavolo le transizioni!». Come se la quantità di carbone, che già cominciava a scarseggiare in un pianeta abitato da un miliardo di persone, si fosse miracolosamente rigenerata ora che c'è da accontentarne invece otto miliardi.

La questione energetica è seria, e merita di esser trattata seriamente. Il prezzo del gas ha iniziato la risalita qualche mese prima dell'invasione russa, sotto la spinta dei maggior consumi della Cina, diligentemente intenzionata a ridurre l'uso di petrolio e carbone. Le minacce belliche hanno certamente accelerato il processo, con la comprensibile corsa dei Paesi industrializzati (Italia in testa) all'accaparramento, mentre i non velati ricatti Gazprom (ora te lo do, ora non te lo do) hanno ulteriormente peggiorato la situazione.

Inutile soffermarsi a discutere su quale possa essere la miglior strategia di difesa, a un mese di distanza da elezioni che in ogni caso ribalteranno l'attuale assetto parlamentare in Italia. Sarà quel che sarà. Restano tuttavia la bontà della strada fin qui percorsa (stoccaggio invernale, nuove forniture, aumento della capacità estrattiva, accelerazione sulle rinnovabili) e la sempre più pressante necessità di un coordinamento a livello continentale che rende ormai improcrastinabile la costruzione di un vero Stato federale europeo, dotato di poteri legislativi, esecutivi e giudiziari sulle materie di interesse comune. Come quella energetica indubbiamente è.

Ma un fatto è già oggi incontrovertibilmente a tutti chiaro: il sogno di un'economia globalizzata, pacificamente gestita da trattati fra nazioni responsabili, è tragicamente naufragato. La delocalizzazione spinta ha dato vita a monopoli di fatto – come il gas russo o le introvabili mascherine cinesi all'esplodere della pandemia – che conferiscono a chi li controlla un potere sproporzionato sul resto del mondo. Chi pensava di delocalizzare nelle grandi e inutilizzate aree desertiche praterie di pannelli solari in grado di alimentare interi continenti, deve oggi interrogarsi sulle tentazioni espansionistiche di quelle nazioni che dovessero improvvisamente ritrovarsi tra le mani il potere di staccare la spina. O – è il caso russo – di chiudere il rubinetto.

29 Agosto 2022

30. Venghino, venghino!

Giungono fin quassù gli strepiti del mercatino elettorale appena aperto nell'assolato Stivale. Che al mercato si strilli, è cosa normale: «Non siamo mica al mercato!», è il consueto rimprovero con cui si tacita una compagnia indecorosamente rumorosa. Ma stavolta c'è qualcosa di diverso: il chiasso degli improperi e degli sberleffi indirizzati al banchetto del vicino supera in intensità le sperticate lodi e le miracolose promesse circa la bontà e la genuinità del prodotto esposto.

Le leggi dell'acustica stabiliscono una proporzione inversa tra i decibel emessi dal venditore e la puzza del pesce che espone sul banchetto: più il pesce è guasto, più elevate son le grida di chi tenta di venderlo. Ma se il pesce è guasto ovunque, ancor più forti delle lodi tuonano le accuse nei confronti del pesce del vicino: solo indiscusso responsabile del puzzo che indiscriminatamente infesta l'intera area di vendita.

Così, tra promesse di sconti sottocosto e giuramenti di inimitabile qualità, i consumatori si aggirano tra i banchi turandosi opportunamente il naso. Ma anche le orecchie. Ma anche la bocca. Ma anche ogni altro minacciato orifizio. E con le mani sul portafoglio. Ben imbandierato è il punto vendita del piddì. Non offre che piccole cose: decreti Zan, canne a poco prezzo, gratta&vinci ai ragazzini... Ma in realtà neppure gli interessa vendere: quel che più gli preme, invece, è che nessuno compri i meloni un po' fracichi nel banchetto accanto.

Lì, tra fiamme tricolori e antichi busti d'ardita mascella, una piccoletta dai modi un po' sguaiati vende con successo e a poco prezzo vecchi quadri e soprammobili, spacciandoli per nuovi.

Elegantissimo, tra la sporcizia che caratterizza ogni mercato, un nobile decaduto dal fazzoletto a tre punte ancora incanta qualche sprovveduto offrendogli pomate miracolose, lozioni per un'immediata ricrescita dei capelli e prodigiose pastigliette di cittadinanza: più efficaci di qualsiasi viagra.

Lo supera solo un vecchietto in doppio petto dalla parlata strascicata, che in meneghino stretto promette da sempre: «Più tutto per tutti. Ed anche di più».

Due figure che ricordano alla lontana il gatto e la volpe espongono una collezione di magiche clessidre che consentono di tornare indietro nel tempo: di riposizionare il drago sul podio, di abbassare i prezzi di gas e petrolio e di riportare l'euro quindici punti al di sopra del dollaro. Il gatto, più cicciottello, sta al banco. La volpe, in posizione più defilata, attende in silenzio di contare l'incasso. Per poi decidere se interrompere o consolidare l'improvvisata società.

Seduto su un traballante sgabello dietro il tavolino a tre zampe, il mago Lumbard, scintillante nella sua felpa e col rosario al collo, invita i passanti a baciare sulla bocca un rospo che tiene lì legato. Il batrace ha per nome Putin, ed il mago sostiene che sia sufficiente baciarlo per trasformarlo in un meraviglioso principe che aprirà ai suoi liberatori il rubinetto del gas, e pure quello dei denari!

Mentre svolgono con studiata sapienza il loro mestiere di imbonitori, per ogni parola rivolta ai potenziali acquirenti, dieci le sparano invece in direzione dei circostanti concorrenti.

Logica vorrebbe che se i nemici fossero realmente quei demoni che a parole essi dipingono, ciò dovrebbe costituire motivo di gaudio, piuttosto che di rancorosa indignazione. Cosa si può desiderare di meglio, se non il doversi misurare contro avversari deboli, incapaci, inconsistenti e in malafede, piuttosto che con un nemico forte, preparato, con buon seguito ed alti ideali?

E invece no. Evidentemente incapaci di attrarre amore su di sé, aizzano l'odio verso gli altri. Certificando in tal modo la propria inferiorità e l'altrui superiorità. Tafazzi avrebbe saputo far di meglio?

Misteri terreni. Che a noi alati non è dato comprendere.

11 Settembre 2022

31. I tiktokkati

L'amato capo che quassù ci governa ha a suo tempo disposto che gli umani non serbassero memoria di quanto visto o sentito nei primissimi anni della loro infanzia.

Mai provvedimento fu più saggio! Quale ricordo potrebbero oggi avere, dei parenti vicini e lontani, quegli ex-bimbi che dovessero ricordare le mille infantili moine rivolte loro ai bordi della culla, agitando un sonaglino da poche lire acquistato in chissà quale mercatino?

— E *ghiri-gori-gori-gu*! E *biri-biri-bì*! Lo senti come suona? *Dinghi-dinghi-dì*! È lo zio che te l'ha comprato, cuoricino di mamma!...

Eh sì. Tralasciando il loro primo dovere, che è quello di trasformare i bimbi in adulti, gli entusiasti parenti pensano di rendersi più graditi trasformandosi da adulti in bimbi. In una parola: rimbambendo.

Non diversamente da costoro, lungi dal voler gramscianamente elevare l'elettore, i nostri capipartito in odor d'elezioni han pensato bene d'affacciarsi in massa alla culla virtuale del TikTok. *Lallando*: ovverossia mimando il linguaggio di quei neonati che la frequentano. Rimbambendosi.

L'ultraottuagenario forzitalico, oscillando il capo al suono del tic-toc-tac, recita barzellette ancor più vecchie di lui e strizza l'occhio blefaroplastico a ragazzini affamati di certezze, più che di interessate carezze.

Lo sgarbato nonno-capra alterna il narcisistico ritratto di se stesso con cartoni animati assai meno cartonati di lui.

La predestinata va in onda con l'insegna «Pronti» sulla fronte. Manca il «Via!». Anche perché potrebbe essere frainteso: *via* verso l'ambito traguardo o *via* fuori dai piedi?

Più coraggioso il Salvinifico, che lascia aperti i commenti. Tra i mille insulti spiccano un «Saluti dalla Russia» e un «Sistemati il parrucchino». Il Nostro porge l'altra chiappa e distribuisce bacioni.

Maestro di furbizia, Enrico Letta manda avanti un giovanissimo cantore che ne tesse sperticatamente lodi, mentre alle spalle scorre un servizio fotografico del capo pelato dagli occhi di tigre degno di un matrimonio campano.

Geniale Renzi neo-Fonzie, che si presenta coi capelli scompigliati e la pelle allisciata, in versione *ragazzi-sono-dei-vostri*. Qualcuno gli crede.

Scontato Conte, che nel più puro vittimismo cinqueastri spende più tempo a parlar male degli altri che bene di se stesso.

Che il sonaglino sia davvero da due lire, e i bimbi in culla più scafati degli interessati benefattori, lo dimostrano le centinaia di rimontaggi dei video proditoriamente lanciati in rete e prontamente restituiti al mittente insieme a un mare di insulti e sfottò.

Ma i politici tiktokkati non si scompongono. Chissà? Forse un neodiciottenne su un milione potrebbe anche votarli.

Comunque un voto in più. E non sarà costato neppure un centesimo.

13 Settembre 2022

32. Quattro meno meno

Se il deludente confronto tra Enrico Letta e Giorgia Meloni trasmesso dagli studi del Corriere della Sera fosse stato un'interrogazione scolastica, difficilmente il professor Luciano Fontana avrebbe potuto elargire un voto prossimo alla sufficienza.

Promosso a pieni voti, invece, il *format*. Che grazie ai tempi contingentati e alla precisione delle domande ha fatto emergere tanto l'inconsistenza delle idee quanto la camicia di forza delle malassortite coalizioni, la quale ha costretto i due poveretti a tenersi a dir poco sul vago, pur di non offendere le opposte convinzioni degli improvvisati alleati.

Il Serenissimo, parlando dell'Europa (ma forse intendeva l'Unione Europea) lamentava un «diritto di veto» che esiste solo nella sua mente e in quell'altra unione di cui l'Italia fa parte (le Nazioni Unite), attribuendo a tale inesistente «diritto» (in realtà inevitabile conseguenza di una unione costruita su trattati reciproci, anziché su un ordinamento statuale democratico) le colpe del mancato accordo sulla questione energetica. Ha infine equiparato l'Unione a un «condominio». Quale in realtà essa non è, dal momento che un'assemblea condominiale delibera circa l'uso e il costo delle proprietà comuni e tali delibere divengono vincolanti per tutti i comproprietari. L'Unione, non disponendo di alcun potere legislativo, esecutivo o giudiziario e non possedendo «parti comuni», andrebbe più correttamente equiparata a un circolo sportivo, dove i soci non sono tenuti a rispettare altro se non il regolamento interno, e versano una quota di iscrizione per poter utilizzare il campo da gioco comune. Senza alcun potere in merito alla gestione dell'impianto.

Solo un vero Stato federale europeo, con poteri effettivi negli ambiti delegati dai singoli Stati membri, potrebbe deliberare a maggioranza anziché all'unanimità. Ma Sua Serenità ha accuratamente evitato di pronunciare la parola «eurofederalismo». Un po' perché sta a capo di un partito che eurofederalista decisamente non lo è, un po' per non stuzzicare l'ostinato e contrario alleato Fratobonelliano, antiqualsiasicosa a prescindere. Così non gli resta che lisciare il pelo all'alleato «buono» e proclamare a gran voce che serve «Più Europa!». Guardandosi bene, però, dallo specificare quale.

Dall'altro lato del tavolo la donna, la madre, la cristiana, quell'Unione la minaccia apertamente. «È finita la pacchia!», è il grido di battaglia. Scordando che la pacchia è stata finora per l'Italia, che ha ottenuto col PNRR stanziamenti assai più generosi rispetto agli altri Stati membri. «A Bruxelles dobbiamo portare avanti i nostri interessi», prosegue, dimenticando che nessuna unione può funzionare se non si resta uniti. Scaricando in tal modo un gigantesco masso sullo stretto sentiero (spianato da Draghi) verso uno Stato confederale europeo. «Dobbiamo cambiare il PNRR», insiste, quasi ci fosse il tempo per scucire l'abito già pronto e ritagliarsene un altro su misura.

L'ignoranza dei trattati comunitari tocca il massimo quando i due poveretti tentano di misurarsi sulle politiche migratorie.

La donna, la madre, la cristiana auspica una «redistribuzione degli irregolari su base europea», scordandosi che i confini dell'Italia NON sono i confini dell'Unione, ma quelli dell'area Schengen (che comprende Stati extraeuropei e ne esclude altri che dell'Unione fanno invece parte), la cui Convenzione l'Italia sarebbe tenuta a rispettare, ma si è sempre guardata bene dal farlo.

L'Italia, in base a tali trattati, se proprio lo desidera, è libera di accogliere chiunque si affacci sul proprio territorio. Anzi: è obbligata a farlo dall'art. 10 della Costituzione, che garantisce diritto d'asilo a tutti coloro che provengono da Paesi il cui ordinamento è differente da quello italiano, Florida e Texas inclusi. Ma l'art. 5 c. 2 della Convenzione di Schengen, pur riconoscendo tale diritto, specifica chiaramente che gli immigrati privi di requisiti e accolti in deroga da uno degli Stati firmatari non possono in seguito lasciare il territorio dello Stato che ha scelto di ospitarli.

Ignorandolo, tanto la donna che la madre e la cristiana si indignano contro Francia e Germania, che hanno invece osservato la legge e rispedito in Italia chi dai nostri confini tentava di entrare clandestinamente in quei Paesi, e pretende «una missione europea per trattare con i governi nordafricani e impedire le partenze dei barconi». Ma l'Unione, che non è l'area Schengen e non ha alcun potere in materia di politica estera, poco può fare in merito.

A tanta ignoranza, il Serenissimo non ha altro da opporre che «più integrazione, *ius scholae* e riapertura del decreto flussi». Di applicare la Convenzione di Schengen, invece, manco se ne parla.

L'ultimo confronto è su Dio, Patria, Famiglia: ideali che la Fiammifera definisce «mazziniani», nel disperato tentativo di scolorarne il nero fascista. Ai quali il Letta-mai-eletto nulla ha di meglio da contrapporre se non la consueta litania sui «diritti». Ovviamente delle minoranze. Mai delle maggioranze. Quelli sì più costosi e impegnativi.

C'è chi si domanda chi fra i due abbia «vinto», chi fra i due abbia saputo meglio mascherare la propria sostanziale nullità. Più facile sarebbe domandarsi chi ha perso. Perché a noi pare che abbiano perso entrambi: in autorevolezza e in credibilità. E ciò grazie a un *format* preciso e intelligente che ha agito da lente di ingrandimento, rivelando imperfezioni, malformazioni e difetti normalmente invisibili su canali di informazione più servizievoli e amici.

Quel che ci si attenderebbe da un vero servizio pubblico, insomma. Ma inaspettatamente offertoci da un canale indipendente e privato.

16 Settembre 2022

33. Chicchiricchì

L a prima gallina che canta ha fatto l'uovo, insegna l'antico detto. Ma quando il primo ad innalzare i propri versi al Cielo è un galletto, notoriamente inabile all'ovulazione, che mai dovremmo pensare?

Mancano pochi giorni all'ultima settimana preelettorale: quella delle bombe mediatiche, delle accuse di ladrocini e molestie, delle rivelazioni su irreparabili peccati di gioventù e d'infanzia, dei *gossip* su variopinti amori e discutibili amicizie. Bombe a orologeria tenute in serbo per mesi e pronte ad esplodere sino a pochi minuti prima del voto.

Il primo ordigno, confezionato con trecento esplosivi milioni di euro made in Cremlino e indirizzati ai putiniani di mezzo mondo (occidentale), è esploso in USA, ma più d'un frammento è piovuto anche in Italia, pizzicando la coda non ovipara del galletto di cui sopra.

L'alto *chicchiricchì*, raccolto e amplificato dalla stampa locale che già lucidava lo spiedo accingendosi a spiumare il pollo, non ha avuto esiziali conseguenze solo perché valida venne una man dal Cielo a salvare il piumato canterino dalle crescenti fiamme. Era la mano di Draghi, che lungi dall'attizzare le braci aveva provvidenzialmente digitato il numero del segretario di Stato USA Anthony Blinken per domandargli quali aree geografiche fossero state maggiormente colpite dalle precipitazioni atmosferiche di mazzette putiniane. Assicuratosi che neppure una goccia aveva al momento umettato l'italico suolo, tutta la vicenda sarebbe certamente finita lì.

Se non fosse stato per quell'inopportuno *chicchiricchì*. Lanciato in segno di vibrata protesta ma così squillante da attrarre l'interesse di più d'un lupo e più d'una volpe.

Così quell'incendio che Draghi – a dispetto della specie di cui porta il nome – si era affrettato ad estinguere, è stato diligentemente tenuto vivo da non pochi (veri) nemici e (falsi) amici dello spennando pennuto, che ancora non cessano di soffiarci sopra.

Inutili i tentativi del bipede di spiegare come il volto dipinto sulla maglietta più amata, che così tanto somigliava a Putin, fosse in realtà quello del caro amico rag. Enzo Brambilla di Limbiate, sosia del tutto casuale del bancozar russo. Persino nel partito fratello (o meglio: sorello) c'è chi mostra difficoltà a credergli, per non parlare degli ex sodali ancor oggi ministri, che chiedono a gran voce l'istituzione di una commissione parlamentare di inchiesta, osservando come in tutta la vicenda «le ombre superano le luci».

Pittoricamente parlando, quando le ombre superano le luci sgnifica che il quadro si fa scuro. E tale re-
sterà fino al 25 Settembre.

Se poi dal 26 dovesse farsi addirittura nero, inutile cercare nemici oltre confine. Perché la tonalità finale saranno stati gli Italiani a sceglierla, e dovran-
no forzatamente conviverci.

34. Profumo di pace

Esistono due soli modi di impadronirsi del denaro altrui: quello del mercante, che ricorre all'astuzia, e quello del criminale, che si affida alla forza.

Il primo raggiunge il proprio scopo accondiscendendo con gentilezza a chiunque, se necessario anche ai peggiori nemici. Il secondo persegue il proprio fine ostentando ovunque la propria ferocia, persino con i migliori amici.

Due opposti atteggiamenti la cui distanza è plasticamente emersa al recente vertice di Samarcanda, che ha visto riuniti al medesimo stesso tavolo i rappresentanti di Cina, Russia, Kazakistan, Kirghizistan, Tagikistan, Uzbekistan, con la presenza a margine di numerosi osservatori di altri Paesi dell'area.

Protagonisti da un lato un Xi Jimping mercante che non lesina sorrisi a Putin promettendogli con una mano eterna amicizia e negando con l'altra l'invio di armi ed ogni altro sostegno attivo, dal lato opposto un Putin ridimensionato ma proprio per ciò fermamente intenzionato a non cedere.

La sua guerra la Cina preferisce combatterla sui mercati, scambiando con euro e dollari le dodici ore di lavoro quotidiane di un miliardo e mezzo di Cinesi, con un occhio ben puntato sui prossimi due miliardi di Africani, bisognosi di tutto, e i piedi già saldamente ancorati in Etiopia con forti propaggini in Egitto, secondo partner commerciale nel continente.

Una musica non diversa giunge da un'India emergente che alle tradizionali produzioni agricole, tè e cotone in testa, somma i profitti di un'industria automobilistica in forte crescita, con marchi del peso di MG, Hyundai, Renault, Nissan, Datsun, Mitsubishi, Ford, Jeep, Honda, Toyota, KIA, Volkswagen, Skoda, Audi, Jaguar, Land Rover, BMW, Mercedes.

La propria guerra (Operazione Militare Speciale) Putin la conduce invece con vecchie armi scassate, militari corrotti e truppe mercenarie raccattati qua e là, Senz'altri ideali che vadano oltre le peggiori sevizie e i sistematici saccheggi.

Quale accordo potrebbe mai esser possibile tra chi costruisce e chi distrugge? Tra chi guarda al futuro e chi invece rimpiange un immaginario passato? Tra competenze e crudeltà? Tra imperialismo e colonialismo?

Perché di questo infine si tratta: di una Cina imperialista che mira a conquistare nuove clientele per i propri prodotti, e di una Russia colonialista che si accontenta di impadronirsi delle ricchezze di un Paese confinante, massacrandone la popolazione.

La Storia, prima di ogni altra considerazione, ci insegna come l'imperialismo abbia miglior futuro del colonialismo. Il dominio imperiale deve forzatamente assicurare un certo margine di benessere ai popoli sottomessi col debito, prima ancora che con le armi, così che possano vivere, moltiplicarsi e consumare una quantità crescente di prodotti. Il dominio coloniale, una volta depredato di ogni risorsa il Paese arbitrariamente invaso, si esaurisce e si estingue da sé, cessata ogni ragione d'esistere.

Samarcanda ci parla di un mondo dove i mercati sono ancora ben vivi, unica speranza di futuro (e di presente) per una popolazione mondiale abnormemente cresciuta fino a otto miliardi di abitanti. E di una globalizzazione, prematuramente data per molta e sepolta, ma che forse è soltanto ferita, seppur gravemente. Da un feritore che ha un nome e un cognome. E un non luminosissimo futuro davanti.

La buona notizia è che metà degli abitanti del vostro divertente pianeta pare averlo capito.

20 Settembre 2022

35. Fermi alla meta

Quando un gruppo di passeggeri costringe il pullman su cui viaggia a fermarsi e invita l'autista a scendere, le ragioni non possono esser che due: 1) l'autista, vuoi per manifesta incapacità, vuoi per aver bevuto o assunto altre sostanze, non è più in grado di condurre il pesante mezzo; 2) il pullman è diretto verso una destinazione differente da quella che i viaggiatori ribelli preferirebbero invece raggiungere.

Parlando del pullman Italia, costretto a fermarsi per via dell'ammutinamento di un folto gruppo di passeggeri saliti a bordo con biglietto scontato, ai quali se ne son presto aggiunti altri usi a viaggiare senza neppure pagarlo, nessuno potrebbe onestamente accusare l'autista Draghi di non saper guidare: sia per la lunga esperienza, sia perché il mezzo viaggiava comunque spedito e sicuro verso la sua meta.

Non resta dunque che la seconda possibile spiegazione: la destinazione verso cui il pullman Italia era diretto non riscontrava il gradimento di una parte dei passeggeri.

Ora, col veicolo fermo e a soli cinque giorni dall'indicazione di un nuovo autista, a nessuno è ancora dato sapere per quale altra strada gli ammutinati intendano avviarsi. E, soprattutto, perché. Senza tacer del fatto che quel pullman non viaggiava solo ma in carovana con altri ventisei mezzi, per nulla intenzionati a modificare il loro percorso.

Ora, si può comprendere la ragazzaglia che stava a bordo praticamente gratis, in vena di far cagnara e scroccare anche la merenda all'autogrill. Ma che di ciò abbiano approfittato altri più anziani e scafati passeggeri, non tutti col biglietto in tasca, non aiuta a trovare un'esauriente risposta all'iniziale domanda: perché fermare il pullman? Per andar dove?

Non certo per il piacere di mettersi alla guida, verrebbe da dire, visto che mai come in questo momento la strada comincia a farsi tortuosa e più d'una nuvola si addensa all'orizzonte. Neppure è certo che i dirottatori avessero un'idea precisa del nuovo percorso da intraprendere. Forse volevano solo evitare, fuggendone impauriti, un tragitto che minacciava di diventare più serio e impegnativo non solo per l'autista, ma anche per chi stava a bordo.

Una sola cosa è certa: fra cinque giorni quel pullman dovrà rimettersi in marcia. Verso dove e con quale uomo (o donna) al volante, non potranno deciderlo altri se non i passeggeri momentaneamente appiedati.

Poche sono le opzioni. Rimettere alla guida l'autista appena cacciato pare impossibile. Riprendere il percorso iniziale invece lo è. Abbandonare la carovana per avviarsi solitari verso strade sconosciute ha indubbiamente il fascino dell'avventura, ma di questa ne comporta anche i pericoli. Affidarsi al carisma di chi urla più forte può apparire tranquillizzante come può esserlo per un bimbo impaurito rifugiarsi tra le braccia del papà, salvo poi tardivamente scoprire che quel tale il vero padre non era.

È tempo di decidere. E la scelta stavolta non è tra destre o sinistre, tra conservatori e rivoluzionari, tra baciapile e senzadio, tra vecchi e giovani, tra antichi e moderni, tra ignoranti e sapienti, tra antipatici e simpatici, ma tra chi vorrebbe riprendere la sempre più impervia strada che pur ci mantiene all'interno dell'Occidente e chi preferirebbe invece allontanarsene, inseguendo un nuovo sol dell'avvenire che ha stavolta gli occhi a mandorla del Grande Impero e le zanne affilate del lupo della steppa.

21 Settembre 2022

36. Mele bacate

Putin contro resto del mondo. Secondo tempo. Costretto all'angolo dalla lepre ucraina, l'orso russo reagisce scompostamente e annuncia con un discorso alla Nazione una significativa escalation nell'occupazione militare del Paese confinante, mobilitando trecentomila riservisti per «difendere la Russia dal ricatto nucleare dell'Occidente».

Il quale Occidente a tutto pensa meno che a sprecare prezioso uranio per far del male a chi il male ha già ampiamente dimostrato di saperselo fare da sé.

Forse offeso per il mancato invito alle onoranze funebri della casa regnante inglese, il folle dittatore conta di rifarsi seppellendo 300.000 giovani russi. Che andranno ad aggiungersi agli altri 55.000 uccisi finora non soltanto dai colpi della resistenza ucraina, ma anche – e soprattutto – dalla fame. Mandati a morire senza cibo sufficiente né adeguato equipaggiamento.

La nuova provocazione è ben congegnata: dopo aver etichettato come territorio russo le provincie annesse con un referendum farlocco in puro stile Crimea, ogni successivo tentativo ucraino di riconquistare le terre sottratte non sarà più catalogato come guerra di liberazione, ma come guerra di aggressione. Giustificando in tal modo qualsiasi reazione da parte del Cremlino.

Un piano del genere potrà forse far saltare di gioia molti «pupazzi prezzolati» nostrani, figli di un'Italia che non ha mai terminato una guerra coi medesimi alleati con cui l'aveva iniziata, ma non potrà non attendersi la reazione di quelle nazioni armate che già da qualche tempo vanno preparandosi a scontri ben più ampi, che solo un convinto e deciso impegno da parte della Cina potrebbe in qualche modo evitare.

Pronto ad agire è il nuovo esecutivo britannico, impensierito dalle malcelate ambizioni russe sul Mar Nero e sul Baltico. E così anche il Pentagono, il solo a possedere un quadro preciso delle reali potenzialità militari del nemico. L'Unione Europea, schierata ma – Francia a parte – praticamente disarmata, non può che affidarsi all'alleanza atlantica, impossibilitata tuttavia per statuto a sferrare il primo attacco.

La domanda è una soltanto: può il mondo intero rischiare di saltare per aria per le smanie di un vecchio insoddisfatto impazzito e incapace di godersi la vita?

C'è una splendida vignetta di Emilio Giannelli, sul Corriere di oggi, che riassume magnificamente la situazione: un pianeta a forma di mela (il nostro) e un verme col volto di Putin che lo infetta, sbucando minaccioso da sotto gli Urali.

Se la mela è bacata, è giusto lasciare che il baco se la mangi per intero o è meglio liberarsene e salvare in tal modo la parte sana del frutto, fintanto che è la maggiore?

Occorre trattare la pace, è il grido che quotidianamente giunge sino al Cielo. Ma trattare *chi* e *con chi*?

Il lupo può facilmente trattare col lupo, e l'agnello con l'agnello. Più difficile è per l'agnello trattare col lupo.

Soprattutto quando questo ha già pian piano cominciato a sbranarlo.

23 Settembre 2022

37. Homemade War

L'ambasciata russa in Italia, un tempo adusa ad esprimersi con vellutate parole e compiacenti sorrisi di austeri diplomatici in feluca, marsina e spadino, ha scelto ancora una volta di affidare a Facebook le proprie comunicazioni ufficiali, intervenendo a gamba tesa sull'imminente scadenza elettorale con una sequenza fotografica che mostra il morituro Putin posare scherzosamente coi principali leader politici italiani. Vecchie foto, ampiamente giustificate dai passati ruoli istituzionali dei personaggi coinvolti, epperò condite da minacciosi sottintesi di gusto ricattatorio, degni di un insoddisfatto *hater* quattordicenne a corto di alcol.

Se è questo il linguaggio diplomatico dei Russi, verrebbe da pensare, figuriamoci quello da taverna. Per non parlar della caserma.

Giusto per non lasciar spazio all'immaginazione, un pronto esempio di quell'aulico idioma giunge quasi immediatamente dalle sprezzanti labbra dell'aiuto gorilla Lavrov, che di quella diplomazia sta a capo. Con un breve messaggio al Consiglio di Sicurezza ONU, il ministro degli esteri russo ha accusato di aggressione nel confronti del suo Paese non soltanto l'intero Occidente, ma finanche quelle organizzazioni internazionali per i diritti umani che insistono nel voler documentare i crimini commessi dalle scalcagnate ed affamate truppe della malarmata armata rossa.

A chiuder l'elegante discorso, i consueti insulti al capo di Stato ucraino, amorevolmente definito «bastardo».

Eppure non un solo civile russo in terra russa è stato ucciso dal «bastardo» ucraino, non una sola città in terra russa è stata rasa al suolo da alcun esercito. E tantomeno è in corso alcuna guerra, come tiene a ricordare lo stesso Putin, per cui nessuno può legittimamente protestare se uno Stato occidentale vende o regala armi ed aiuti a un Paese che giuridicamente non può esser definito belligerante.

È una sorta di conflitto fai-da-te, scatenato dall'orso russo per meglio atteggiarsi a vittima e giustificare in tal modo le prossime minacce e aggressioni.

Una bestia impazzita che, mentre continua a darsi la zappa sui piedi, urla di dolore e inveisce contro un nemico immaginario che solo nella sua mente malata impugna quell'attrezzo con cui essa stessa da sé medesima si ferisce.

Non è più accettabile che la federazione russa sieda ancora come membro permanente, insieme a Cina, Francia, Gran Bretagna e USA, nel Consiglio di Sicurezza delle Nazioni Unite: un organismo espressamente nato al fine di impedire quelle minacce alla pace e all'ordine mondiale che la Russia va oggi rivolgendo al mondo intero.

Fino a che la Russia manterrà in seno al Consiglio il suo immeritato diritto di veto, nessuna soluzione pacifica della crisi ucraina potrà essere possibile, equa e duratura.

26 Settembre 2022

38. Rinforzare gli argini

I giochi son fatti. Più di un quarto dei pochi italici elettori si è inchinato davanti alla fiamma tricolore, che succhia voti tanto al tictoccato ottuagenario che al malcapitato capitano.

Deludente quanto attesa la *débâcle* dei DP (Destinati a Perdere), che spiana la strada agli scalzacani rossoverdi a spese dei piùeuropeisti e del grillofuggiasco.

Risultato utile, ma inferiore alle rosee aspettative, per il gatto d'azione e la volpe toscosaudita.

Folla di questuanti, in parte siculi e in partenopei, per il descamisado depochettato che raddoppia invece il risultato previsto: unica sorpresa di una tornata elettorale da dimenticare.

Spenti i riflettori e acquietatesi le strilla delle parti, la parola torna adesso alle istituzioni: al nuovo Parlamento, diverso dal precedente e suscettibile di ulteriori aggiustamenti nella formazione dei nuovi gruppi parlamentari; al Capo dello Stato, a cui solo spetta il compito di nominare il governo e chi lo presiederà; al governo medesimo, che una volta insediato avrà davanti a sé non una strada aperta, ma i binari fermamente tracciati del PNRR, che andrà portato a termine oppure abbandonato, e della collocazione euroatlantica, che andrà onorata o tradita.

Compito della scompaginata opposizione, così come degli accordi e dei trattati internazionali che l'Italia dovrà comunque rispettare, sarà quello di rafforzare gli argini tra i quali scorre il fiume governativo, prevenendo quelle esondazioni che potrebbero modificarne il tracciato precisamente disegnato dalla Costituzione.

Nulla di cui gioire, nulla di cui temere, finché il fiume si manterrà nel suo alveo. Finché i ministri terranno fede a quel giuramento che si apprestano a pronunciare (essere fedeli alla Repubblica, osservarne lealmente la Costituzione e le leggi, svolgere le proprie funzioni nell'interesse esclusivo della Nazione) e l'opposizione eserciterà con coscienza i propri doveri di contenimento e di controllo, senza vendersi ai controllati in cambio di qualche boccone da gettare in pasto agli elettori mai sazi.

L'Italia ha premiato i fratelli, è vero, ma non per questo dovrà rinunciare a padri, madri, zii e nonni attenti e responsabili, capaci di vigilare ed aiutarli a crescere.

Panta rei, sostenevano gli antichi: tutto cambia.

Sta agli Italiani, non ad altri, far sì che cambi in meglio. E non in peggio.

2 Ottobre 2022

39. Unità e Rinascita

Brutto risveglio per i piddini schiaffeggiati nelle urne. Pensavano d'esser nani sulle spalle dei giganti, alla maniera di Bernard de Chartres, ma non erano che nani sulle palle della gente. La *loro* gente.

La prima reazione in casa piddì è stata l'avvio del cantiere congressuale. Fortemente voluto dall'occhiuta quanto malungulata tigre, disposta peraltro a farsi signorilmente da parte.

La seconda, come da tradizione di partito, è stata la singolare idea di mutar nome e bandiera. Nuovi battesimi in cerca di nuove verginità.

Come da copione l'assalto al trono dei numerosi e non sempre degni pretendenti, ciascuno col proprio ricettario medico: chi propone iniezioni di demagogia cercando conforto tra le braccia dei cinquereduci, in piena decrescita felice; chi invece consiglia compresse calendiane, all'aroma di liberalismo, dagli incerti effetti collaterali renziani: rasserenanti per alcuni, conturbanti per altri.

Nato locomotiva, come la gloriosa H2-293 che riportò Lenin in patria scatenando la gloriosa Rivoluzione d'Ottobre, il piddì si riscopre invece vagone, disperatamente in cerca di una qualsiasi sbuffante motrice. Foss'anche lo svaporato trabiccolo del pochettato che grida vittoria pur avendo dimezzato i voti, o i *cegghevàra de noantri* che mostran la coscia chiedendo passaggi a Putin e chiaman «progressismo» qualsiasi spranga, legno o bastone infilato tra le ruote del progresso. Quello vero.

Eppure, forte dei voti di un quinto degli elettori, il piddì avrebbe tutti i titoli per candidarsi alla guida di un'auspicabile quanto necessaria opposizione. Se solo ricordasse cos'è e come si fa.

Mai come nella legislatura che si annuncia, guidata da una forza così limpidamente indicata dalle urne e tuttavia priva di alcuna esperienza, l'opposizione sarà chiamata ad esercitare con coscienza e competenza il proprio ruolo istituzionale di contenimento e di controllo. E non può esistere alcuna vera opposizione senza una visione del futuro del Paese più valida e appetibile di quella della maggioranza. Alternativa nella sostanza, non solo nei dettagli.

Cambiar nome e insegna al ristorante non serve a migliorarne il menu: occorrono nuovi cuochi e nuovi piatti, senza per questo allontanarsi dal solco della migliore tradizione della ditta. Così ben riassunta dalle denominazioni delle testate di un tempo, «L'Unità» e «Rinascita», prematuramente assassinate nell'insulsa ricerca di un «nuovo» fine a se stesso.

Unità, contro ogni ulteriore frammentazione. E autentico desiderio di Rinascita: interiore, prima ancora che esteriore.

Se il piddì continuerà a preferire il *maquillage* alla politica, mostrandosi incapace di elaborare una proposta che sia davvero propria, piuttosto che involata in casa altrui, finirà col lasciare entrambi i ruoli ai vincitori: quello di governo e quello di controllo dell'operato di governo.

E sarà il brutto *sequel* di un film che l'Italia ha già visto.

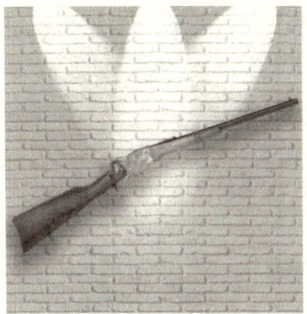

40. Armi di scena

«S' e nel primo atto di un dramma c'è un fucile appeso al muro, nel secondo o terzo atto quel fucile sparerà».

Lo disse Anton Pavlovič Čechov, celebre drammaturgo russo nato nel 1860 a Rostov, proprio al confine con l'attualmente contesa regione ucraina del Donetsk.

Figuratevi la faccia del buon Anton, oggi nostro gradito ospite a Nuvolandia, quando quel fucile l'ha visto comparire improvvisamente sulla scena sotto forma di missile nucleare, appiccato al muro da Putin e più volte illuminato dai riflettori puntati ora dal ministro degli Esteri Sergej Viktorovič Lavrov, ora dal capo del governo russo Dmitrij Anatol'evič Medvedev, ora dal macellaio ceceno Ramzan Kadyrov.

La cosa sarebbe da ridere, vista la manifesta inettitudine bellica dei capicosca di Santa Madre Russia, capaci di sferrare coraggiosi attacchi giusto su Croce Rossa, scuole d'infanzia, ospedali e auto di civili in fuga, se non fosse per il fatto che dalle urne farlocche fatte di vetro, così da poter meglio orientare il voto, è magicamente emersa non soltanto l'annessione delle terre finora invase, ma anche di quelle che ancora attendono d'esser conquistate. Non appena il Parlamento e il Governo ne decreteranno ufficialmente il passaggio dall'Ucraina alla Russia, il primo atto del dramma potrà dirsi concluso. E comincerà il secondo.

Crescono dunque le possibilità che il fucile, ormai protagonista in scena, cominci prima o poi a sparare. Se non proprio nel secondo atto, magari nel terzo. O nel quarto.

«Se il fucile non verrà usato, neppure dovrebbe starsene lì appeso», precisava Čechov a conclusione del suo pensiero.

Allo stesso modo una minaccia senza seguito finirebbe col mettere in luce non la forza, ma la vigliacca impotenza di chi l'ha irresponsabilmente scagliata per poi subito ritirarla, spingendo ancor più nell'angolo il rabbioso dittatore russo. Per la gioia dei tanti falsi amici, pronti a spingerlo verso il baratro per poi usurparne il trono.

Che un crescente pericolo esista lo dimostrano la dura e immediata reazione del segretario generale NATO, Jens Stoltenberg, che promette «conseguenze serie» qualora la Russia dovesse far uso di armi nucleari, così come l'accorato appello della Santa Sede: «Putin fermi la spirale di violenza. Zelensky sia aperto a serie proposte di pace».

Ispirato il Papa al dettato del Vangelo: porgi l'altra guancia. E il segretario NATO ai versetti della Bibbia: occhio per occhio, dente per dente.

Non domandateci come la vicenda andrà a finire, sempre che una fine ce l'abbia. O se a finire sarà la vicenda o invece il mondo, che dentro di sé non vede l'ora di liberarsi dei microrganismi che lo infestano per diventar finalmente un pianeta come tutti gli altri: disabitato, senz'acqua, senz'aria e privo di occupanti abusivi.

È vero che a noi angeli è dato di conoscere con largo anticipo ogni cosa. Ma non ci è permesso di spoilerare il finale.

Sommario